Margot Käßmann

Zur Geborgenheit finden

D1928605

Margot Käßmann

Zur Geborgenheit finden

Antworten auf Fragen des Lebens

KREUZ

© KREUZ VERLAG
in der Verlag Herder GmbH, Freiburg im Breisgau 2010
Alle Rechte vorbehalten
www.kreuzverlag.de

Aktualisierte Neuausgabe
Die Originalausgabe ist 2004 unter dem Titel »Wenn das Leben voller Fragen ist – Briefe der Zuwendung« im Verlag Herder erschienen (Herder spektrum Band 5460)
Umschlaggestaltung: Bergmoser + Höller GmbH, Aachen
© Otmar Smit – Fotolia.com
Satz: de·te·pe, Aalen
Druck und Bindung: CPI – Clausen & Bosse, Leck

Gedruckt auf umweltfreundlichem, chlorfrei gebleichtem Papier
Printed in Germany

ISBN 978-3-7831-3446-9

Inhalt

Vorwort

»Ob das alles Sinn macht?« – das ist eine Frage, die oft unter der Oberfläche des Lebens lauert. Vielfach wird sie verdrängt: Sie stört den Alltag und sie kann auch nicht zu jeder Stunde, an jedem Tag reflektiert werden; das wäre unrealistisch und lebensfremd. Doch dann kommt eine unerwartete Situation, ein eindrückliches Ereignis, ein Gedanke, der nicht loslässt, und die Frage bricht auf.

Als Bischöfin erhalte ich oft Briefe von Menschen, deren Leben gerade voller Fragen ist. Sie sind vor allem konfrontiert mit der Frage nach dem Sinn. Mich bedrückt manchmal, wie viel mir da anvertraut wird und wie wenig ich doch aus der Ferne wirklich helfen kann. Sicher, jeder Brief wird beantwortet. Aber leider oft viel kürzer, als der Situation angemessen wäre, weil mehr einfach nicht zu schaffen ist und ich vor allem nicht jede Situation wirklich wahrnehmen, beleuchten, recherchieren kann. Deshalb habe ich gerne einige der Fragen exemplarisch in einem Buch und damit für eine größere Öffentlichkeit bearbeitet. Zweiundzwanzig Briefe sind entstanden, so, wie ich sie wohl schreiben würde, wenn ich im Alltag die Zeit hätte für eine ausführliche Reaktion. Es sind keine Briefe an Menschen, die es wirklich gibt, aber es sind echte Fragestellungen. Vor sechs Jahren sind diese Briefe als Taschenbuch im Verlag Herder erschienen unter dem Titel »Wenn das Leben voller Fragen ist«; dies ist ihre aktualisierte Neuausgabe.

Außer der Perspektive des christlichen Glaubens ist in den Antworten auf Fragen, die das Leben stellt, auch manches Persönliche aus dem eigenen Leben wahrnehmbar: Ich lese gern, brauche Humor und liebe Poesie, gehe gern ins Kino. All das ist ebenso eingeflossen in diese Briefe wie einzelne Auseinandersetzungen mit Sachthemen – das ist wohl stets so, wenn Menschen mit ihren Lebenserfahrungen in einen Dialog treten.

Die Adressatinnen und Adressaten der hier versammelten Briefe sind fiktive Personen, das will ich ausdrücklich hervorheben! Und doch spiegeln sie einige Herausforderungen der Menschen, mit denen ich in Kontakt stehe oder stand, die mir ihre Probleme und Fragen anvertraut haben. Es sind sozusagen stellvertretende Situationen und stellvertretende Antworten. Mir ist dabei sehr bewusst: Es gibt niemals *die* Antwort an sich. Annäherungen sind möglich, Versuche, zu verstehen, Versuche, zu hören und zu raten. Manchmal denke ich tatsächlich: Das Leben ist unendlich verwirrend. Es ist für viele so schwer, einen Faden zu finden im Knoten, einen Halt im Durcheinander. So entsetzlich viel Leben wird vertan, verschwendet, mit Schuldgefühlen belastet, unfrei gelebt, unter Zwängen zerbrochen. Für mich ganz persönlich ist und bleibt der christliche Glaube da Anker und Freiheitsbotschaft zugleich.

Kürzlich habe ich lange mit einer Frau telefoniert, die bei der Telefonseelsorge engagiert ist. Es war für mich sehr eindrücklich, als sie erzählte, wie viele Menschen einfach dankbar sind, anrufen zu dürfen, wie viele gerade an Weihnachten gesagt haben: »Ohne euch hätte ich dieses Jahr nicht durchgestanden!« Das ist ein riesiges Kompliment. Da sind ehrenamtlich Menschen für andere Menschen da, setzen christliche Nächstenliebe ganz konkret um, ohne Bezahlung, ein gutes Dutzend Mal im Jahr. Ihre Belohnung ist, dass anderen ganz direkt geholfen werden kann, anderen, die einsam sind, die nicht weiter wissen. Das hat Modellcharakter. Wir sollten Zeit finden füreinander; neu lernen zuzuhören und zuzulassen, auch wenn wir nicht unmittelbar verstehen.

Gerade das hat Jesus ja ausgezeichnet: Er hat vorurteilsfrei zugehört. Nicht eingeordnet, abgewiegelt, beschwichtigt oder verurteilt, sondern zugehört. Der Frau am Brunnen, den Ängsten der Jünger, den Kindern. So geschieht wohl Seelsorge, Sorge für die Seele: Hören, in ein Gespräch kommen, nicht alle Antworten wissen, aber Menschen begleiten auf ihrem Lebensweg, bei ihrer Suche nach Sinn.

Aufgefallen ist mir beim Nachdenken und Schreiben, dass mir viel mehr Frauen in den Sinn kommen, die bei mir nachfragen, und dass es mir auch leichter fällt, an Frauen zu schreiben. Das will ich nicht bis ins Letzte ergründen, aber ich weiß auch von denen, die in unserer Landeskirche Männerarbeit machen, wie viel schwerer es oft ist, mit Männern in ein tiefes Gespräch über Sinnfragen zu kommen. Machen sich Frauen zu viele Sorgen? Oder lassen Männer Sinnfragen zu wenig zu? Ich kann das nicht beantworten, aber es hat mich beim Schreiben doch bewegt. Dennoch finden sich im Folgenden ungefähr gleich viele Briefe an Männer wie an Frauen.

Bei der *documenta* 2002 in Kassel hat der japanische Künstler On Kawra in einem Glaskasten die Jahreszahlen von 998 031 vor Christus bis 1969 und dann von 1996 bis 1 001 995 nach Christus lesen lassen. Ich ging daran vorbei und dachte: »Verrückt! Typisch moderne Kunst, das sagt mir nichts.« Aber dann war es genau diese Installation, die mich weiter beschäftigte. Irgendwann hätte ich ja mein Geburtsjahr gehört. Und irgendwann haben sie sicher mein Todesjahr verlesen, das ich selbst noch nicht kenne. Wie kurz ist meine Lebensspanne – gut, darüber nachzudenken!

So hoffe ich, alle, die auf ihrem Lebensweg den Mut haben, sich mit der Sinnfrage zu konfrontieren, finden Gesprächspartnerinnen und Gesprächspartner. Wer den Fragen ausweicht, wird wohl kaum freier werden, sondern eher stärker den Zwängen verhaftet sein. Zu wagen, die Oberfläche des Alltags auch zu durchdringen, in die Tiefe zu gehen, sich zu öffnen für die Nähe von anderen Menschen und von Gott, das gibt Sinn und macht das Leben wertvoll. So finden wir zur Geborgenheit.

Hannover, im Januar 2010
Margot Käßmann

Krankheit annehmen

Liebe Frau Wolf,

herzlichen Dank für Ihren Brief, den Sie mir auf die Zeitungsmeldung zu »Gesundheit und Heil« hin geschrieben haben. Er hat mich wirklich sehr bewegt. Der Ursprung des Zitates, das Sie von mir gelesen haben, war mein Vortrag bei der Vollversammlung des Lutherischen Weltbundes vor einigen Jahren, im Sommer 2003 in Winnipeg – unter dem Thema »Zur Heilung der Welt«. Menschen aus lutherischen Kirchen in 130 Ländern sind zusammengekommen, um zu fragen, was Heil und Heilung heute bedeuten. Da ging es um die großen Fragen wie Gerechtigkeit und Frieden, es ging um AIDS und ganz konkret um den Umgang mit Heilung. In meinem Vortrag habe ich in der Tat gesagt: »Gesundheit ist nicht ein Beweis für Gottes Gegenwart und wird missbraucht, wo ein Mensch meint, sich selbst erheben zu können als besonders begnadet. Selbst-Rühmen hat nichts zu tun mit Heilen in Gottes Namen! … Geheilt-Werden, gesund sein heißt nicht, besonders gläubig sein. Es kann ein Mensch sein Gottvertrauen dadurch zeigen, dass er mit einer Krankheit, einer Behinderung leben lernt. Das ist ein Geschenk Gottes, eine Gnade.«

Es tut mir sehr leid, wenn Sie sagen, das habe Sie verletzt! Sie schreiben, Sie könnten eben gerade nicht damit fertig werden, dass der Krebs Sie getroffen hat. Alles war in Ordnung, Ehe, Kinder, Beruf – und jetzt wirft Sie die Erkrankung völlig aus der Bahn: Operation, möglicherweise Chemotherapie, unsichere Prognose, was die Heilungschancen betrifft. Ihr Mann ist schockiert und weiß nicht, wie er reagieren soll. Ihr Sohn und Ihre Tochter sind völlig irritiert, weil die starke

Mutter plötzlich solche Schwäche zeigt. Und Sie selbst haben einfach nur panische Angst. Alles, was geplant war, vom nächsten Urlaub bis zur Konfirmation, steht in Frage, von heute auf morgen. Schmerzen werden auf Sie zukommen, die Haare werden Ihnen womöglich ausfallen, Sie werden die anderen nicht versorgen können, im Gegenteil, Ihre Familie wird Sie umsorgen müssen: Wie sollen Sie da Gottvertrauen finden?

Zunächst will ich sagen: Ja, das akzeptiere ich, diese Wut, diesen Zorn auf Gott. Die Frage »Warum gerade ich?«, die Klage »Wie kann Gott das zulassen?«, sie hallen doch sozusagen seit Menschengedenken durch die Welt. Und auf diese Fragen gibt es keine schnellen Antworten, die wären nur hohl. Mir graut eher vor den Menschen mit den schnellen Antworten oder den billigen Beschwichtigungen nach dem Motto »Das wird schon!«. Sie versuchen, klein zu reden, was wirklich groß ist an Angst und Schmerz und Leid.

Für mich ist die Klage, die Sie in Ihrem Brief ausdrücken, ein Echo auf den Schrei Jesu am Kreuz: »Mein Gott, mein Gott, warum hast du mich verlassen?« Den Psalm 22 aus der hebräischen Bibel, dem Alten Testament, zitiert er, so erzählt es der Evangelist Matthäus. Und in der Bibel folgt auf den Schrei zuallererst Schweigen. Die Zeit zwischen Karfreitag und dem Ostermorgen, der Auferstehung, hat als Zeit, die keine Antwort weiß, die nur Schweigen und Klage kennt, ihre Berechtigung. Weder Beschwichtigen noch schnelle Antworten sind angemessen. Mich hat dieser Karsamstag schon oft beschäftigt. Wie wird es den Jüngerinnen und Jüngern gegangen sein? Wie Maria, der Mutter, die ihren Sohn verloren hat? Wir wissen nichts darüber. Wir erfahren nur, dass sie weinten über diesen Tod, aber dann den Mut hatten, hinzugehen, dem Hingerichteten die letzte Ehre zu erweisen, ihn zu salben, das Totenritual in Würde zu vollziehen. Die Verzweiflung muss tief gewesen sein. So wie Ihre Verzweiflung heute tief ist, wie es durch die Zeiten und um die ganze Welt herum solche Verzweiflung an Krankheit und Leiden, an Vergänglichkeit und Sterben gibt. Wir werden es wohl nie verstehen, warum es Leiden geben muss.

Mir kommen Menschen in den Sinn, die Schweres erlebt haben; ich denke an einen Fernsehbericht von Eltern, die zweimal ein Kind verloren hatten und sagten: »Der ›liebe‹ Gott, den gibt es nicht, uns jedenfalls hat er nicht gesehen.« Und doch hat mich berührt, dass sie ein weiteres Kind, das geboren wurde, dann taufen ließen und unter Gottes Segen stellten. Oder ich denke an ein kleines Mädchen, das hat mich nach meiner Vorlesung an der Kinderuniversität in Hannover neulich ganz direkt gefragt: »Wenn Gott die ganze Welt geschaffen hat, warum gibt es dann das Böse?« Eine schwere Frage. Ich kann sie nur so beantworten, dass es das Gute ja auch nur im Gegensatz zum Bösen geben kann. Zum Schaffen des Lichtes gehört die Dunkelheit, zum Wasser das Land. Und angesichts des Schweren und des Bösen, das es unleugbar gibt, ist mir immer wichtig gewesen, zu verstehen: Gott ist selbst verwundet durch die Zerstörung, die Menschen anrichten, durch das, was wir einander antun. Die Schöpfung war gut – und jede Verletzung greift dieses Gut-Sein an.

Vielleicht haben Sie ja Zeit, einmal im Buch Hiob zu lesen. Hiob geht es gut – er ist erfolgreich, hat eine glückliche Familie, er lebt gerecht vor Gott. Und dann bricht alles brutal zusammen. Es heißt in der Bibel, der Teufel wolle ihn auf die Probe stellen, ob er denn wirklich so gottesfürchtig sei, wie es den Anschein hat. Und so bricht das Unheil herein: Hiob muss leiden. Seine Freunde kommen und versuchen, den Grund zu finden. Denn es muss doch einen Grund geben, wenn so etwas passiert! Den »Tun-Ergehens-Zusammenhang« nennen das die Theologen. Aber die drei Freunde Hiobs stoßen einfach an Grenzen. Sie finden keinen Grund für das Leiden.

Bei Hiob wird deutlich: Leiden ist nicht Strafe Gottes. Das war mir bei dem Vortrag von Winnipeg so wichtig. Manche meinen ja noch immer wie jene Freunde Hiobs, irgendwie seien Menschen am Leiden selbst schuld. Oder: Wenn du nur kämpfst, dann besiegst du die Krankheit. Und noch schlimmer: Wenn du nur glaubst, dann wirst du auch geheilt. Da gibt es dann Veranstaltungen, in denen Menschen vortreten, und scheinbar werden sie geheilt, und gepriesen wird meist nicht Gott, sondern der Mann, der angeblich die Heilung bewirkt – das ist sehr problematisch! Aber diese Antworten tragen nicht, das weiß eben schon der hebräische Teil der Bibel. Am Ende bleibt das Hiob Buch offen. Leiden wird nicht erklärt – was wir erfahren, ist: Gott sagt, dass auch Leiden Teil des Gottesglaubens ist. Gott wird nicht verfügbar, da bleibt manches unerklärlich. Hiob erkennt, dass er Gott nie völlig wird ergründen können; und Gott schenkt Hiob einen neuen Anfang.

Im Neuen Testament wird eine Deutung von Leid und Bösem als Strafe noch klarer zurückgewiesen (zum Beispiel Lukas 13,1–5). Gott wird von Jesus als liebender Vater gezeigt, der auf Macht und Gewalt verzichtet. Beim Gleichnis vom verlorenen Sohn etwa wird Gottes Großherzigkeit beschrieben. In der vertrauten Anrede »Abba« – das klingt hebräisch zärtlich wie unser »Papa« – macht Jesus deutlich, wie wir uns an Gott wenden können in jeder Situation unseres Lebens. Ja, Gott selbst macht sich verletzbar, leidet und stirbt am Kreuz. Auch das bleibt unerklärbar. Gott lässt sich abdrängen ans Kreuz. Genau das eröffnet letzten Endes den Jüngerinnen und Jüngern die Erfahrung, dass der Gruß »Fürchte dich nicht!« den Tod übersteigt. So kann etwas bei uns heil werden, Christus unser Heiland sein.

Bei der Vorbereitung jenes Vortrages ist mir übrigens klar geworden, dass Martin Luther immer an der Rede vom Verborgensein Gottes festgehalten hat. Er hat versucht, eine Balance herzustellen zwischen der Erfahrung des Fremdwerdens Gottes und dem Vertrauen, dass alles in Gottes Hand ist. Er sagt, wenn wir meinen, den *deus absconditus*, den »verborgenen Gott« vollkommen ergründen zu können, dann versuchen wir, uns so Gottes zu bemächtigen. Meine Lieblingsgeschichte dazu erzählt Elie Wiesel: »Im Königreich der Nacht nahm ich an einem sehr merkwürdigen Prozess teil. Drei fromme und gelehrte Rabbiner hatten beschlossen, über Gott zu Gericht zu sitzen wegen des Blutbades unter seinen Kindern. In erregter Diskussion erhoben sie verbittert Anklage gegen Gott, der sein Volk dem Vergessen und somit den Mördern anheim gegeben habe; Gott komme seinen Bundesverpflichtungen gegenüber den Juden in sträflicher Weise nicht nach. Nach dem Prozess, an dessen Ende Gott schuldig gesprochen wurde, sagte einer der Rabbiner in Anbetracht der untergehenden Sonne, es sei Zeit zum Gebet. Und sie senkten ihre Köpfe und beteten.«

In der Kinderuniversität, die ich erwähnte, habe ich übrigens die Vorlesung zur Frage gehalten »Wo ist Gott?« und versucht, verschiedene Antworten zu geben. Die Kinder sollten sich klarmachen, dass es nicht eine einzige, irgendwie einfache Antwort gibt, sondern dass wir im Gespräch mit Bibel und Lebenserfahrung je neu Antworten ergründen müssen. Wichtig war mir dabei, dass wir keine besseren Antworten haben als die Generationen vor uns und dass es immer um den Mut geht, uns Gott anzuvertrauen. Es geht um die Grundüberzeugung, dass Gott Leben will und nicht Tod. Es geht um das Vertrauen Jesu, das Lukas bezeugt: »Vater, ich befehle meinen Geist in deine Hände« (Lukas 23,46). Jesus hat aus dem Schrei der Gottverlassenheit zurückgefunden zum Gottvertrauen. Nein, das ist kein schneller Weg. Das ist ein Weg über Kreuz und Tod. Jesus geht offensichtlich mit Wunden in Gottes

Reich. Er zeigt Thomas, der es sehen will, keinen makellosen, unverwundeten Körper. Gerade an den Wunden erkennen die Jüngerinnen und Jünger den Auferstandenen. Darum geht es wohl auch bei uns. Selbst wenn unsere Wunden, unsere Verletzungen, unsere Brüche im Leben heilen, bleiben sie Teil unserer Geschichte. Sie können vernarben, aber nicht aus unserem Gedächtnis getilgt werden. Es gibt kein Leben ohne Brüche, ohne Narben.

In der biblischen Geschichte von der Auferstehung wird den Jüngerinnen und Jüngern Gottvertrauen neu möglich, als Jesus die verschlossenen Türen durchbricht. Sie fassen neues Vertrauen, sie erfahren, dass Gottes Geist anwesend ist, wenn sie sich der Gotteserfahrung öffnen. So gehen die, die Jesus nachfolgen, ihren Weg, auch wenn Narben bleiben. In diesem Vertrauen gehen wir mitten in einer verwirrten Welt unbeirrt unseren Weg als eine Gemeinschaft der Hoffnung, die glaubt, dass die Liebe Gottes stärker ist als Hass, Gewalt, Grauen und Tod.

Liebe Frau Wolf, das war Ihnen mit Blick auf Ihre Situation vielleicht etwas sehr theologisch und grundsätzlich. Worum es mir einfach auch geht: immer wieder Mut zu machen, die Wunden anzusehen – unsere eigenen und die anderer. Es geht darum, Gottes Ohnmacht und Gottes Allmacht zusammen zu denken, so schwer das ist. Ja, das Leben kennt Gebrochenheit, kennt Kreuzeserfahrung als Teil des Lebens. Sich das klar zu machen, ist das eine. Es in einer erschütternden Situation am eigenen Leib zu erfahren, ein anderes. Alles Hadern, auch das »Warum gerade ich?« wird Ihnen nicht helfen, sondern nur ein Annehmen von Verzweiflung und Schmerz und der Erkenntnis: Warum eigentlich nicht ich? Wir alle müssen mit der Herausforderung leben, dass unser Leben gefährdet ist, ständig. Es könnte mich treffen oder eine andere Person. Es gibt kein Leben unter einer schützenden Glashülle. Es gibt keine Garantie auf Unversehrtheit. Zum Leben gehört die Gefährdung von Leben. Wen es nicht so hart trifft, der sollte das nicht für eine Selbstverständlichkeit halten. Gerecht ist es nicht. Als ich vor einigen Jahren selbst an Krebs erkrankte, war ein zentraler Satz, an dem ich mich in dieser Zeit festgehalten habe: »Du kannst nie tiefer fallen als in Gottes Hand«.

Es ist wichtig, dass die Gesunden demütiger werden. Denn es ist wirklich ein Geschenk, gesund zu sein. Keine Leistung, nein. Nur wer einmal Schmerzen hatte, wer weiß, wie schwer es sein kann, sich morgens allein anzuziehen, wie schlimm eine Nacht unter Schmerzen ist, kann die Freiheit von Schmerzen, kann Leistungsfähigkeit wohl richtig zu schätzen wissen. Ich sehe bei Besuchen in Pflegeheimen oder Behinderteneinrichtungen, wie viel Kraft das Leben kosten kann, wenn jemand nicht gesund ist. Das macht nachdenklich und dankbar zugleich.

Was ich Ihnen wünsche? Ich wünsche Ihnen, dass Sie die Kraft finden, die Krebserkrankung anzunehmen. Ja, Sie sollen kämpfen! Hoffnung trägt uns doch. Aber auch wenn der Krebs nicht zu besiegen ist, kann das Leben Sinn machen, kann ich seine Kostbarkeit wahrnehmen, kann das Ende gestaltet werden. Was ich in Winnipeg meinte: Es kann auch eine Gnade sein, mit einer Krankheit leben zu lernen. Für viele Menschen wäre es ein wichtiges Zeichen von Zuversicht und Hoffnung, dass wir das Leiden eben nicht verdrängen müssen, sondern auch diese Kraft finden können. Unser Leben ist gefährdet, jeden Tag. Und Gott ist gerade nicht ein Schönwettergott für gute Zeiten, sondern der Gott, den Jesu Christus »Abba« genannt hat und der uns begleitet auch und gerade in den schweren Zeiten. Darauf vertraue ich.

In Verbundenheit,
Ihre
Margot Käßmann

Beieinander bleiben?

Liebe Frau Schneider,

herzlichen Dank für Ihren Brief, in dem Sie mir vieles sehr offen anvertraut haben. Erst einmal tut es mir aufrichtig leid, dass Ihre Ehe in eine so tiefe Krise geraten ist, weil Ihr Mann ein Verhältnis mit einer anderen Frau hatte. Ein solcher Vertrauensbruch verletzt tief, und ich kann nur erahnen, wie schwer das für Sie ist. Auch Ihr Mann muss akzeptieren, dass Sie das nicht mal eben »schnell verarbeiten«, nachdem Sie es erfahren haben und dass Sie den Schmerz darüber auch nicht einfach wegwischen können. Wer wie Sie mehr als zwanzig Jahre verheiratet ist, hat ja Vertrauen aufgebaut, hat Höhen und Tiefen miteinander erlebt: kennt den anderen wohl besser als irgendjemand sonst. Deshalb macht es Sie ja sicher auch so fassungslos – dass Sie es geahnt, dann aber immer wieder den Beschwichtigungen Ihres Mannes geglaubt haben. Nur wer liebt und vertraut, kann enttäuscht werden, weil Liebe und Vertrauen verwundbar machen.

Für eine Ehe, die ins Wanken gerät, habe ich auch kein einfaches Rezept. Viele Ratschläge scheinen mir da zu locker gegeben und die zahlreichen Ratgeber, die es gibt, sind oft auch banal: Verbringen Sie mehr Zeit miteinander, reden Sie mehr miteinander. Ich verstehe schon, dass Sie das alles eher empört – als hätten Sie nicht miteinander geredet, nicht besondere Zeiten gestaltet. Und natürlich können solche Fragen – hast du denn nichts gemerkt? oder: Da muss doch schon länger was nicht gestimmt haben! – zusätzliche Nadelstiche sein. Niemand kann in eine andere Beziehung wirklich hineinsehen. Manche Ehe, die nach außen eher merkwürdig aussieht, ist stabil und glücklich. Und manche Ehe, die so perfekt daherkommt, sieht innen ganz anders, vielleicht brüchiger, aus.

Vor einiger Zeit haben wir mit dem Bischofsrat in Hannover versucht, ein Papier zum evangelischen Verständnis von Ehe zu formulieren. Erst dachten wir, das sei doch eine schöne Herausforderung, so mit ein, zwei Sitzungen sollte das zu machen sein. Aber dann wurde uns plötzlich deutlich, wie schwer das ist, zumal wenn neun Menschen sich auf einen Text einigen wollen. Wer immer über Ehe redet, hat eigene, ganz persönliche Erfahrungen, oder auch die der Eltern oder von Freunden im Blick. Und während die einen himmelhoch jauchzend von Ehe reden können, ist den anderen das nur noch mit Vorbehalten möglich und wieder anderen nur sehr formal. Alle sehnen sich offensichtlich nach einer guten Ehe, einer heilen Familie, aber den meisten fallen zu jedem positiven Beispiel sofort mehrere Gegenbeispiele ein.

Eine ältere Dame hat in einer Diskussion einmal sehr energisch gesagt: »Das ist doch einfach: Aushalten ist besser!« Einerseits ist an dieser Devise sicher viel Wahres. Oft habe ich den Eindruck, Paare trennen sich heute zu schnell. Die Scheidungsrate ist sicher auch deshalb so dramatisch hoch in Deutschland, weil viele meinen, wenn ihr Glücksbedürfnis nicht problemlos und ständig erfüllt wird, dann versuchen sie es eben anderweitig zu finden. Dabei ist eine Ehe ja auch ein Prozess, nichts Statisches – beide müssen die Freiheit haben, sich zu verändern. Und es ist nicht so, dass zwei nach der Hochzeit einander für immer hätten – einen anderen Menschen »hat« niemand je ein für alle Mal, es geht darum, sich immer wieder neu zu finden. Dazu braucht es Geduld miteinander, um mit den Fremdheiten umzugehen, Freiräume zu erproben, Entwicklungsmöglichkeiten zu lassen und eben auch Verletzungen zu bearbeiten. Noch immer ist ja die Sehnsucht nach einer lebenslangen Partnerschaft unter Jugendlichen trotz der Scheidungsrealität enorm, wie Umfragen zeigen. Das heißt, auch heute wünschen sich Menschen, ein ganzes Leben miteinander zu verbringen. Und dann verlieren sie wohl oft die Geduld miteinander oder verlieben sich neu oder finden nicht mehr heraus aus ihrem Gezänk oder auch ihrem Schweigen.

Zum anderen hatte jene Dame natürlich auch Unrecht. Es gibt sicher Situationen, in denen ist es besser, wenn zwei sich trennen, weil das Zusammenleben unerträglich ist, sie sich nur noch gegenseitig zermürben oder gar Gewalt antun. Leider gibt es ja immer wieder Berichte, dass Männer einen Besitzanspruch erheben, gewalttätig werden – bis dahin, dass sie ihre Ehefrauen töten, wenn sie sich aus der Gewaltsituation befreien wollen. Ich bin mir sehr bewusst, dass Jesus gesagt hat: Was Gott zusammengefügt hat, soll der Mensch nicht scheiden (Matthäus 19,6). Er hat aber eben auch den Anklägern der Ehebrecherin gesagt: Wer ohne Schuld ist, der werfe den ersten Stein (Johannes 8,7). Unsere Kirche kann heute mit Ehescheidung offener umgehen als früher – weil klar geworden ist: Wir verstoßen mit einer Scheidung in der Tat gegen Gottes gute Gebote. Aber wenn zwei sich nur noch gegenseitig verletzen und erniedrigen, kann es nicht dem Gebot der Nächstenliebe entsprechen, sie zwanghaft zusammen zu halten. – Eine Frau, die ich einmal kennen lernte, musste ein Eheannulierungsverfahren mitmachen, weil ihr Mann ein zweites Mal kirchlich heiraten wollte und die römisch-katholischen Regeln dann immer noch eine Annulierung der ersten Ehe vorsehen, das heißt, dass die Ehe für unwirksam erklärt wird. Sie hat dagegen gekämpft, weil sie gesagt hat: Es gab diese acht Jahre doch! Wir hatten auch gute Zeiten, wir haben eine gemeinsame Tochter. Bei allem ökumenischen Respekt: Ich wünsche mir, dass diese Praxis geändert wird. Es geht doch um Menschlichkeit im Miteinander – auch im Scheitern. Und auch eine Ehe, die einer oder beide beenden, hat es einmal gegeben und sie hat sicher auch gute Zeiten gekannt.

Wir müssen lernen, mit Schuld und Versagen zu leben. Die meisten Menschen versuchen, sie zu übergehen, zu ignorieren, wegzudrücken; ich bin überzeugt, das rächt sich irgendwann. Gerade als Christinnen und Christen können wir doch auch unser Scheitern ansehen, bewusst damit umgehen, es vor Gott bringen. Nicht nach dem Motto: Schnell gebeichtet und alles ist vergessen. Nein: im Vertrauen darauf, dass wir uns vor Gott nicht verstellen müssen – und können. Und dass Gott auch vor dem Scheitern nicht den Blick abwendet und uns einen neuen Anfang schenken will.

Im Blick auf meine eigene Ehe habe ich es lange nicht wahrhaben wollen, und ich habe lange gebraucht, mir einzugestehen, dass mein Mann und ich nicht zusammen alt werden können. Das tut weh, und es schmerzt, wenn andere meinen, darüber urteilen zu können. Und als Bischöfin erlebe ich ja auch, dass Pastorenehen scheitern. Und ich sehe, wie viel Trauer und Zorn und Verletzung da entsteht – scheiden tut weh! Aber es gibt auch immer die andere Seite. Da habe ich ein Paar erlebt, das wirklich im Frieden auseinandergegangen ist und dem es gelingt, nach der Scheidung gemeinsam als Eltern verantwortlich zu sein. Bei diesen beiden spüre ich eine große Freiheit. Und dann denke ich an einen Pastor, der sich von seiner Frau getrennt hatte und eines Tages kommt er und erzählt, dass seine Frau nun wieder zu ihm gezogen sei, und dass sie einander und das gemeinsame Leben ganz neu entdecken. Vielleicht müssten wir mehr von diesen Geschichten erzählen, die es ja auch gibt, anstatt immer nur die traurigen und schmerzenden Geschichten vom Ende einer Ehe …

Nun wieder zu Ihnen konkret. Ich werde nicht sagen: Bleiben Sie bei Ihrem Mann, egal, was geschehen ist und geschieht. Aber ich sage: Nehmen Sie sich Zeit, handeln Sie nicht überstürzt oder in Panik. Versuchen Sie zunächst, sich allein darüber klar zu werden, wo Sie stehen, was Sie fühlen, was Sie wollen. Können Sie sich vorstellen, neu Vertrauen zu Ihrem Mann aufzubauen? Gibt es vielleicht sogar eine Möglichkeit, das Geschehene zusammen anzuschauen, zu bearbeiten und daran zu wachsen? Wie sähe ein Leben ohne Ihren Mann aus? Ich weiß, die Kinder sind aus dem Haus, da haben Sie zum Glück wenigstens diese große Belastung nicht. Obwohl Sie ja sagen, dass die Kinder dennoch – sagen wir – »verstört« sind. Eine Trennung, eine Ehescheidung zerreißt ja auch Beziehungen, das kennen doch viele: Wen von beiden können wir nun einladen? Wer trifft sich am Ort wo? Neulich sagte mir eine Bekannte, sie käme zu dem Gottesdienst, den ich in ihrer Stadt hielt – aber nur, wenn sie hundertprozentig sicher sein könne, dass ihr Ex-Mann nicht käme. Das mögen pragmatische Argumente am Rande sein, aber ich denke, bei einer so lebensverändernden Entscheidung müssen alle Konsequenzen auf den Tisch. Manchmal sind es im Alltag gerade die Kleinigkeiten, die es uns besonders schwer machen. Reden Sie mit Freundinnen darüber, machen Sie lange Spaziergänge und denken Sie offen und gründlich darüber nach.

Und suchen Sie dann natürlich vor allem das Gespräch mit Ihrem Mann. Was will er überhaupt? War das »nur« ein Seitensprung oder Ausdruck einer größeren Unzufriedenheit, die Suche nach etwas, was er im eigenen Leben unerfüllt sieht? Manchmal habe ich den Eindruck, es gibt bei uns sowohl eine Unterbewertung als auch eine Überbewertung von Sexualität. Einerseits wird locker hingenommen, dass eine Million Männer in Deutschland täglich zu einer Prostituierten geht, es wird von einem »Quickie« und einem »One-night-stand« gesprochen, als spielte es keine große Rolle. Andererseits führt eine sexuelle Affäre gleich zum Ende einer Ehe, die Jahrzehnte überdauert hat. Beides ist nicht in Ordnung, nicht hilfreich.

Die Gespräche mit Ihrem Mann sollten Sie übrigens eher nicht zu zweit führen, sondern mit einer dritten Person, sonst endet das Gespräch ganz schnell in Vorwürfen und neuen Verletzungen. Sie werden sich mit Mühe einen ruhigen Raum erarbeiten müssen, in dem Sie beide über Ihre Gefühle sprechen können, ohne sofort ganze Wogen von Reaktionen beim jeweils anderen auszulösen. Gerade wenn zwei sich so gut kennen, ist das Zuhören schwer, weil beide meinen, schon zu wissen, was der oder die andere sagen will. Diese dritte Person kann eine Gesprächs- oder Paartherapeutin sein, aber auch ein Pastor oder ein guter Freund, eine gute Freundin, wenn er oder sie nicht schon Partei genommen hat in Ihrem Konflikt.

Sie sehen, einen schnellen guten Rat habe ich nicht, das wird Sie wahrscheinlich enttäuschen. Aber jede Ehe ist eine ganz einzigartige Beziehung zwischen zwei Menschen, über die niemand von außen rasch urteilen sollte. Und führen müssen die Ehe eben diese beiden und nicht Dritte. Ich weiß, viele finden es heute altmodisch, sich vor dem Altar zu versprechen, beieinander zu bleiben in guten und in schlechten Zeiten, bis dass der Tod sie scheidet. Aber wenn zwei das bei der Trauung nicht zueinander sagen können, frage ich mich, warum sie heiraten. Wenn dann schlechte Zeiten kommen, gilt eben auch dieses Versprechen, und es gilt der Zuspruch von Gottes Segen, der in einem solchen Gottesdienst gesprochen wird. Das ist gerade keine Romantisierung von Ehe, sondern die Zusage, dass Gott begleiten will, zuhört, geduldig ist und ermutigt.

Dass Sie in diesen schwierigen Tagen und Wochen davon etwas spüren, das wünsche ich Ihnen von Herzen,

Ihre
Margot Käßmann

Glaube und Zweifel respektieren

Lieber Herr Walter,

das war schon heftig, was Sie mir da in der Vortragsveranstaltung neulich regelrecht an den Kopf geworfen haben: Alles sei Humbug, die ganze Gottessache eine Erfindung zur Unterdrückung freier Menschen und die Kirchengeschichte gleich mit dazu. Mir hat auch weh getan, das will ich ganz klar sagen, wie Sie versucht haben, mich lächerlich zu machen, als Sie sagten: »Sie tun doch nur so, als ob Sie glauben, weil Sie sich so ein sattes Gehalt sichern«, »Sie lassen sich dafür bezahlen, dass Sie so einen Stuss reden!«

Nun soll ich also zu Ihrem Brief Stellung nehmen. Ich habe mir das eine ganze Weile überlegt. Auf der einen Seite bin ich Ihnen keine Rechenschaft schuldig – Sie gehören nicht zu unserer Kirche und Ihr Verhalten an jenem Abend entsprach nicht einer Diskussionskultur, die einlädt, weiter miteinander zu reden – das war schlicht schlechtes Benehmen. Andererseits lese ich aus Ihrem Brief auch ein so echtes Ringen um Glaubensthemen, so viele ehrliche Fragen, dass ich mich doch entschlossen habe, zu antworten.

Eines will ich aber einmal klarstellen: Ich glaube an Gott, ich bin Christin. Das war ich auch schon, bevor ich Bischöfin wurde, bevor ich Theologie studierte. Sicher hat sich mein Glaube in den letzten Jahren auch noch verändert, ist gereift. Wenn Sie eine Auseinandersetzung wollen, wie Sie sagen, gehört dazu diese Voraussetzung: Ich akzeptiere, dass Sie Atheist sind, wie Sie sagen; Sie akzeptieren, dass ich Christin bin, Pfarrerin – das ist mein Beruf. Wenn Sie das als Ausgangspunkt akzeptieren, bin ich bereit, in einen Dialog zu treten.

Zunächst zur Bibel. Ja, sie ist für Christinnen und Christen Quelle des Glaubens. Dabei ist sehr klar: Hier haben Menschen sehr verschiedener Zeiten ihre Gotteserfahrung niedergeschrieben. Gerade die Erfahrungen im hebräischen Teil der Bibel, die wir mit Menschen jüdischen Glaubens teilen, sind oft nur nachvollziehbar auf dem Hintergrund der Erfahrungen des Volkes Israel. Sie finden, die biblische Aufforderung »Seid fruchtbar und mehret euch!« sei einfach unverantwortlich. Ja, heute sehen wir das so angesichts des enormen Bevölkerungswachstums in vielen Teilen der Welt. Aber für Israel damals war es eine Überlebensfrage, ein wachsendes Volk zu sein. Große Nachkommenschaft war eine Verheißung beispielsweise an Abraham. Ich denke nun nicht, dass jeder Mensch erst Bibelwissenschaftler werden muss, um das zu verstehen. Die beiden ersten Bücher Mose zum Beispiel sind wunderbare Erzählwerke, ebenso die Bücher der Könige oder die Chronik. Oder denken Sie an die Psalmen – viele von ihnen sind Lieder und Gedichte des Glaubens, des Vertrauens, die Menschen bis heute verstehen. Nicht umsonst ist Psalm 23 – »Der Herr ist mein Hirte, mir wird nichts mangeln« – der wohl bekannteste biblische Text neben der Weihnachtsgeschichte.

Die Bibel ist ein von Menschen geschriebenes Buch. Sie reflektiert an manchen Stellen ganz gewiss auch die Lebenshaltung der Menschen, die sich einen mächtigen Gott wünschen, der sozusagen mit Schwert und Feuer eingreift. Und doch lese ich aus der Bibel immer wieder den roten Faden der Liebe Gottes heraus, des Gottes, der sich den kleinen Leuten zuwendet, der Gerechtigkeit für die Armen einklagt, der Schwerter zu Pflugscharen machen will. Ganz gewiss sehe ich die anderen Stellen auch. Aber für mich ist das zweite Testament der Schlüssel zum ersten. Im Gespräch zwischen Juden und Christen ist das ja oft sehr schwierig. Ich kann es nur so verstehen, dass Jesus uns, den Menschen aus den nicht-jüdischen

Völkern, Zugang verschafft zum Gott Israels. Übrigens bin ich fest davon überzeugt, dass Jesus selbst diese Weite seines Auftrages erst nach und nach verstanden hat. Aufschlussreich ist da das Gespräch mit der kanaanäischen Frau, das in Matthäus 15,21–28 erzählt wird. Sie zeigt Jesus, dass er sich mit seinem Auftrag nicht auf Israel beschränken kann. Ich habe sie in einer Predigt deshalb einmal eine »Lehrerin für Jesus« genannt. Da gab es dann Empörung: Unser Herr Jesus musste nichts lernen und schon gar nicht von einer Frau. So eine Haltung ist Unsinn, denke ich. Jesus war nach unserem Verständnis wahrer Mensch und wahrer Gott, wie es die Kirchenväter einst auf einem Konzil formuliert haben. Und das heißt, dass er auch lernen konnte, ja lernen musste.

Außerdem kann ich Ihnen versichern, dass ich mich mit Bibelkritik auseinandergesetzt habe. Ich denke, es gehört für eine Theologin zum Beruf, Kritik ernst zu nehmen. Und Sie können sich wahrscheinlich gar nicht vorstellen, wie viele kritische Briefe ich bekomme. Wie viele Menschen bei mir ihren Zorn über die Kirche, ihren Hader mit Gott ablassen. Und bei so manchem Vortrag muss ich hinterher Fragen beantworten zur Judenverfolgung, zu den Hexenprozessen, zur Haltung der Kirche im Zeitalter des Kolonialismus und des Nationalsozialismus. Da kann ich nur sagen: Ja, es gab entsetzliche Fehler in der Kirchengeschichte, grauenvolle Abweichungen von dem, was Jesus nach der Überlieferung der Evangelien selbst gelehrt hat, vor allem, wenn es um die Verführbarkeit durch Macht ging und wo immer Gewalt legitimiert wurde.

Oft werde ich gefragt, wo man denn anfangen könne mit dem Lesen des Buchs der Bücher. Ich empfehle eigentlich, erst einmal ein Evangelium zu lesen, Lukas vielleicht, der ein begnadeter Geschichtsautor war. Wer beim ersten Buch Mose, auf Seite eins sozusagen, anfängt, hat zwar mit der Schöpfungsgeschichte, dem Turmbau zu Babel und der Vätergeschichte von Abraham über Isaak und Jakob große Erzähltraditionen vor sich, muss aber frühestens bei der zweiten Schöpfungsgeschichte Widerspruch anmelden, braucht Gesprächspartner zur Auseinandersetzung oder wird ermattet sein, spätestens beim Geschlechtsregister Esaus in Kapitel 36. Doch, ein Evangelium wäre hilfreich. Die Paulusbriefe sind oft so kompliziert und belehrend, da ist schon die Exegese zur Predigt manchmal ganz schön schwer.

Mich freut immer wieder, wie dieses Buch aber doch auch jemanden faszinieren kann, der es ganz überraschend in die Hand nimmt und angesprochen wird, wie etwa der Sänger Xavier Naidoo. Seine Texte halten vielleicht nicht immer theologischen Beurteilungen stand, aber sie bergen oft überraschend neue Zugänge zum alten Glauben. Und im »Jahr der Bibel« 2003 haben die evangelische und die katholische Kirche mehr als 150 000 Veranstaltungen in Deutschland durchgeführt – für viele Menschen haben sich da neue Perspektiven eröffnet. Interessant war auch, wie sehr manche die Erkenntnis überraschte, dass unsere ganze Kultur von der Bibel geprägt ist, die Musik – nicht nur die Bachs! –, die Architektur, die Literatur. Wer die Bibel nicht kennt, kann europäische Geschichte und Kultur im Grunde gar nicht verstehen.

Was aber ist mit dem Schritt von der Lektüre zum Glauben? Mir hat immer sehr eingeleuchtet, dass Glaube auf zweierlei Weise wächst. Zum einen ist da die Erziehung. Ich wachse hinein in den Glauben meiner Eltern oder meiner Großeltern, lerne die Rituale kennen, ihr Glaube kommt mir nahe. Eltern haben daher eine ganz besondere Verantwortung. Sie können nicht auf andere verweisen, wenn Kinder Fragen nach Sinn, nach Gott, nach Religion stellen. Und das Christentum bietet doch auch wunderbare Möglichkeiten, den Glauben weiterzugeben, die biblischen Geschichten neu zu erzählen. Ich habe mich ganz besonders gefreut, dass für den Deutschen Evangelischen Kirchentag 2005 in Hannover die Losung gewählt wurde »Wenn dein Kind dich morgen fragt …« (5. Mose 6,20). Das weist hin auf die Notwendigkeit, den Glauben weiter zu tragen. Wer die folgenden Verse nachliest, kann sehen, wie die Gebote und die Lebensorientierung abgeleitet werden aus den Glaubenserfahrungen der vorangegangenen Generationen. Darüber hinaus geht es natürlich auch um das verantwortliche, rechenschaftspflichtige Leben heute insgesamt.

Das andere ist das eigene Suchen und Fragen, die eigene Auseinandersetzung, die eigene Gotteserfahrung. Das kann mit der Bibel möglich werden. Gerade für Evangelische ist sie ungeheuer wichtig, hat deshalb auch Martin Luthers Übersetzung fundamentale Bedeutung: Lies selbst! Frag nach! Verlass dich nicht auf das, was dir vorgegeben wird. Damit hat Luther einen unerhörten Bildungsvorgang und auch eine Kirchenkritik, eine Befreiung des Einzelnen eröffnet. Diese Annäherung an die Bibel aber kann wohl nicht ohne eigene Erfahrung bleiben. Mein Gespräch mit Gott, im Gebet etwa. Die Öffnung aller Sinne, nicht nur des Kopfes. Stille, Meditation wie auch Farben und Töne, sie eröffnen auch Wege zum Glauben. Gerade der Protestantismus hat das zu oft geleugnet.

Vielleicht klingt Ihnen das jetzt schon wieder zu glatt, zu einfach, idealistisch. Ich weiß sehr wohl, Glaube lässt sich nicht erzwingen und schon gar nicht herbeireden. Da hat Luther so Recht, wenn er Glaube als Geschenk versteht. Glauben kann ich mir nicht erarbeiten; aber auf Gottvertrauen kann ich mich einlassen. Christlicher Glaube ist nicht einfach nur ein großes Gefühl und Jesus Christus ist keine Naturgottheit, die ich im Wald treffe. Christlicher Glaube bindet sich nun einmal an die Bibel, an die Heilige Schrift, die von Gottes Geschichte mit den Menschen erzählt, von Leben, Sterben und Auferstehung Jesu. Auf dieser Basis kann ich dann Gottes Schöpfung durchaus bewundern und erleben (Psalm 104) und gewiss auch auf einem Waldspaziergang die Erfahrung der Gegenwart von Jesus Christus machen.

Wichtig ist für mich auch: der christliche Glaube ist keine individualistische Religion, so sehr ganz gewiss der je einzelne Mensch vor Gott steht. In manchen Briefen schreiben mir ja Menschen den geläufigen Satz, sie könnten auch ganz allein im Wald »Großer Gott wir loben dich« singen und so Gottesdienst feiern. Ich weiß, dass es darauf die ironische Antwort gibt, dann könne man sich auch vom Förster beerdigen lassen. Die ist unangemessen, finde ich, und denke dabei beispielsweise an das Projekt »Friedwald«. Da wollen Menschen sich im Wald beerdigen lassen – und manches Mal ist es heute oft in der Tat und ganz ernsthaft der Förster, der die Hinterbliebenen begleitet. Es gibt keinen Grund, Menschen mit ihren Naturerfahrungen, dem Spüren der Nähe Gottes im Wald lächerlich zu machen. Die ernsthafte Antwort auf den Waldspaziergang als Gottesdienst aber ist, dass das Christentum eben von Anfang an Gemeinschaftsreligion war, seit Jesus mit den ersten Jüngerinnen und Jüngern durch Palästina wanderte, seit sie sich nach seinem Tod zusammenhielten, erste Gemeinden gründeten und Kollekten füreinander sammelten. Deshalb heißt jenes Lied eben auch »Großer Gott, *wir* loben dich«.

Nein, es gibt keinen Beweis für Gott, so oft Menschen das auch versucht haben. Ja, es gibt Zweifel. Nein, der Mensch muss nicht glauben. Ja, Glaube ist ein Geschenk. Ich kann nur für mich sagen, dass mich dieser Glaube hält und trägt in meinem Leben. Gott ist sicher viel größer als alles, was ich erkenne. Die Kirche ist immer wieder in Irrtümer verfallen, weil sie von Menschen mit all ihren Schwächen gestaltet wird. Und doch ist sie der Versuch, Gemeinschaft in der Nachfolge Jesu, im Glauben zu gestalten – mit allen Fehlern, ja, ich weiß. Heinz Zahrnt, der in vielen Büchern darum gerungen hat,

Glaube für unsere Zeit zu übersetzen, hat einmal gesagt: »Sollte ich meinen Glauben auf einen Punkt bringen, so heißt er: Ich habe eine gute Vermutung zu Gott.« Eine schöne Beschreibung, finde ich, sie hat mich sehr berührt.

Zu unserem Thema habe ich in meinem Adventskalender eine kleine Geschichte gefunden, die wunderbar deutlich macht, dass Christentum und Judentum große Erzählreligionen sind. Und wir stehen in einer großen Erzähltradition. Diese Geschichte stammt von Nikos Kazantzakis:

Die Sterne leuchteten groß wie Engel über der schneeweißen Kuppel der Kirche, die Milchstraße ergoss sich von einem Ende des Himmels zum anderen, ein grüner Stern funkelte wie ein Smaragd über uns. »Glaubst du«, sagte Sorbas, »dass Gott Mensch wurde und in einem Stall zur Welt kam?« »Darauf kann man schwer etwas antworten, Sorbas. Ich glaube es und glaube es nicht. Und du?«

»Was soll ich dir sagen! Wie soll sich da einer auskennen? Als ich noch ein kleiner Bengel war und meine Großmutter mir Märchen erzählte, hielt ich alles für Unsinn. Und doch zitterte ich und lachte und weinte, als ob ich es glaubte. Als mir dann der Bart wuchs, warf ich alle diese Märchen zum alten Eisen und machte mich sogar lustig darüber. Aber jetzt, auf meine alten Tage, bin ich wie ein Kind geworden und glaube wieder daran … Was für ein komisches Geschöpf ist doch der Mensch!«

Ja, es gibt Irrtümer der Kirche und wohl jede Religion lässt sich oft auf falsche Wege verleiten. Aber ich sehe auch das andere: unsere Kirche als Heimat, als Bindeglied zwischen Himmel und Erde, als Ort, an dem Erinnern und Tradition noch einen Platz haben. Hier wird etwas spürbar von der Weite unseres Lebens, die über diese Zeit und Welt, vor allem über unseren Alltag hinausgeht. Und das tut gut. In Russland habe ich mich einmal empört geäußert über den goldenen Prunk so mancher Kirchen angesichts der Armut so vieler Menschen. Und jemand sagte: Da spürst du aber doch etwas von der Größe Gottes. An den abgeschliffenen Kanten mancher Goldstatue ahnst du, wie viele Generationen von Menschen vor dir hier waren. Und du ordnest dein Leben ein in die große Geschichte Gottes mit den Menschen. Fehlbar auf unserer Seite, sicher. Aber völlig verständlich wohl nur aus Gottes Perspektive, die wir einst vielleicht – auf der anderen Seite des Spiegels (1. Korinther 13) – erkennen werden. Was ich sagen will: Wir dürfen uns vielleicht einfach auch fallen lassen in diese Tradition unserer Mütter und Väter im Glauben. Und dafür bin ich dankbar.

In diesem Sinne grüße ich Sie herzlich,
Ihre
Margot Käßmann

Zeit zum Trauern

Lieber Herr Schuster,

das muss furchtbar für Sie sein, dass Ihr Vater so plötzlich starb und Sie nicht mehr Abschied nehmen konnten. Das Krankenhauspersonal hat Sie nicht schnell genug benachrichtigt. Es war erst einmal ganz damit beschäftigt, Ihren Vater am Leben zu erhalten. Sie sind jetzt vor allem wütend auf die Klinik, auf die Sanitäter im Krankenwagen, auf die Ärzte. Ihre heftige Beschwerde ist bei mir angekommen und ich werde mit dem Leiter unseres Stiftes auch darüber sprechen.

Aber, lieber Herr Schuster, wenn ich Ihren Brief so lese, dann ist das alles doch letzten Endes wohl ein zweitrangiger Zorn, oder? Sie scheinen mir im Grunde vor allem wütend zu sein auf Ihren Vater, weil er Ihnen nicht die Möglichkeit gegeben hat, so manches noch zu besprechen. Und ich denke, Sie sind auch ein wenig wütend auf sich selbst. Es wäre ja Zeit gewesen. Aber wer denkt schon ans Sterben …

Am liebsten möchte ich Ihnen raten, sich erst einmal eine Woche frei zu nehmen, auch wenn Sie geschäftlich so sehr eingebunden sind. Was da in Ihnen gärt und schwelt, das nehmen Sie doch auch mit auf Dienstreise, das werden doch auch Ihre Geschäftspartner spüren. Ich glaube ehrlich gesagt nicht, dass man – dass auch Sie – das so »säuberlich« aus Ihrer Arbeit heraushalten können, wie Sie sagen. Trauer, Trennungsschmerz, Abschied – das sind starke Gefühle und langfristige Prozesse, für die wir im Leben auch die nötige Ruhe brauchen. Denen müssen wir Zeit geben wie dem Urlaub, der Erholung beispielsweise. Sonst werden wir krank.

Demnächst werden Sie die Wohnung Ihres Vaters ausräumen müssen. Nehmen Sie sich Zeit dafür. Legen Sie eine gute Musik auf und nehmen Sie das als Chance zum nachträglichen Abschied. Da wird manche Erinnerung sein. Ein Foto vielleicht, ein Möbelstück. Und während Sie sortieren und sich erinnern, können Sie noch einmal innerlich Zwiesprache halten mit Ihrem Vater. Ob er Sie hört, fragen Sie wahrscheinlich. Ich weiß es nicht. Ich spekuliere nicht gern darüber, was nach dem Tod sein wird. Was sein wird, das überlasse ich Gott. Ich glaube allerdings fest, dass Gott uns in irgendeiner Weise hält und trägt über den Tod hinaus. Der Tod ist nicht das Ende, das Nichts. Der Tod ist eine Station auf unserer Wegstrecke zu Gott hin. Und deshalb sind die Toten nicht einfach weg, sondern bei Gott geborgen.

Allerdings sollten wir uns nicht allzu sehr darauf konzentrieren. Wir wissen, dass in anderen Kulturen, in afrikanischen Stammesreligionen oder auch im Schamanismus etwa, die Toten zu beängstigenden Geistern werden können, vor denen sich die Hinterbliebenen fürchten, die bedrohlich sind. Für das Christentum verstehe ich es stattdessen so: Wir können die Verstorbenen Gottes Frieden anvertrauen. Und so können auch wir mit ihnen Frieden schließen, sie im Gedächtnis, im Herzen behalten und in Freiheit weiterleben.

In früheren Zeiten hätten die Menschen einen so plötzlichen Tod wie den Ihres Vaters für einen Fluch gehalten. Heute finden viele, er sei ein Segen. Aber Ihr Brief wie manche andere Berichte und auch eigenes Erleben bringen mich doch dazu, mich der Ansicht der Alten zuzuneigen. Vor kurzem beschrieb mir etwa eine Frau in einem Brief auf bewegende Weise, wie sie den Abschied von ihrer Mutter erlebt hat. Sie habe ihre Mutter immer als harte Frau gesehen, die nicht lieben konnte, nur mit Strenge erzogen hat. Und in der letzten Lebensphase haben die beiden sich neu gefunden, konnte die Mutter auf einmal Liebe zeigen. Die beiden haben fast zwei

Wochen miteinander in einem Hospiz verbracht und da kamen ganz unbekannte Gefühle und Erinnerungen zu Tage. Die Tochter konnte in Frieden Abschied nehmen und ihre Mutter schließlich loslassen mit einem neuen Bild im Herzen.

Ihnen war so ein Abschied nun nicht vergönnt; und wir müssen uns eingestehen: Es gibt verpasste Chancen im Leben. Im Psalm 90 heißt es: »Lehre uns bedenken, dass wir sterben müssen, auf dass wir klug werden.« Das ist wohl einer der bedenkenswertesten Sätze der Bibel. Heute rennen viele Menschen durch ihr Leben, als gäbe es das Sterben nicht. Dabei ist der Tod ja gegenwärtig, wir können ihm gar nicht ausweichen. Nun meine ich nicht, dass wir uns den ganzen Tag mit dem Sterben beschäftigen sollen, das wäre absurd. Leben sollen wir! Aber wir leben sicher bewusster, wenn wir die Verletzlichkeit des Lebens nicht ignorieren. Wenn uns klar ist: Das ist geschenkte Zeit, jeder Tag ist etwas besonderes, nicht einfach Alltagsroutine.

Lieber Herr Schuster, ich denke, es wäre gut, wenn Sie den verpassten Abschied annehmen könnten; es war, wie es war, und wenn es auch nicht gut war, lässt sich etwas nachholen – das, was jetzt möglich ist, was Sie brauchen, damit Sie Frieden finden mit Ihrem Vater. Denn das hätte er doch gewiss auch gewollt. Es wäre doch nicht in seinem Sinne, wenn Sie von jetzt an ganz und gar von diesem Gefühl geprägt wären: Das ist nicht zu einem guten Ende gekommen. Halten Sie Zwiesprache mit Ihrem Vater, nehmen Sie sich Zeit zum Erinnern. Als Christinnen und Christen rufen wir keine Geister an und kommunizieren nicht mit Toten. Aber wir dürfen doch glauben, dass unsere Verstorbenen in Frieden geborgen sind bei Gott. Und für uns selbst können wir in solchen Gesprächen noch klären, was ungeklärt blieb. Das braucht Zeit: dass Sie sie sich nehmen können, wünsche ich Ihnen.

Gerade auch unsere Friedhöfe sind ja Orte des Gedenkens. Ich habe als erwachsene Frau einmal lange am Grab meines

Vaters gestanden. Er starb, als ich 16 war und für ein Austauschjahr in den USA. Da gab es auch keinen Abschied für mich, nicht einmal den Ritus der Beerdigung. Meine – im besten Sinne pragmatische – Mutter meinte, wenn du zur Beerdigung kommst, nützt es ihm ja nun auch nichts mehr. Da hatte sie natürlich Recht und ich habe zugestimmt. Ich habe erst später gemerkt, wie mir der Abschied gefehlt hat. Als ich nach einem halben Jahr nach Hause kam, hatte meine Familie den Trauerprozess schon hinter sich, das Leben war weitergegangen, und ich fand den Raum zum Trauern nicht.

Das habe ich damals weit in mich hinein gepackt, irgendwohin, in eine entfernte Ecke im Herzen. Es hat Jahre gedauert, bis ich ganz allein da stand an dem Grab mit Zeit und Ruhe. Und ich habe gespürt, dass ich in dem vermeintlichen Zwiegespräch, das gewiss ein Selbstgespräch war, etwas klären konnte, was mir schon lange auf der Seele lag. Das tat gut und es war wichtig, diesen Ort zu haben, dort stehen zu können, in Gedanken manches auszusprechen, was schon lange verdrängt war und mich doch gedrückt hat. Ja, die Verstorbenen begleiten uns, indem wir das Leben fortführen und weitergeben von Generation zu Generation. Wir sind nicht völlig losgelöst, sondern wir stehen in einer gemeinsamen Geschichte, in einer Tradition durch die Zeiten. Bis das Grab eingeebnet wurde, habe ich oft einen Abstecher zum Friedhof gemacht, wenn ich durch jenen Ort kam. Ich ging zum Grab, legte eine Rose darauf und habe mich meines Vaters, anderer Lebender und Toter erinnert. Daran gedacht, dass ich sterben muss, und gedankt für das Leben.

Das Erinnern, eine Erinnerungskultur zu haben und zu gestalten, gehört zur jüdisch-christlichen Kultur elementar hinzu. Schon in der Bibel wird immer wieder gemahnt: »Gedenke!« Oder: »Ich bin der Gott, der dich aus Ägyptenland geführt hat«. Oder auch in der Abendmahlsliturgie: »Zu meinem Gedächtnis!« Deshalb trete ich beispielsweise so entschieden für den Erhalt der Friedhöfe ein. Sie können sich verändern, ja! Da muss nicht Stein an Stein in Reih und Glied stehen, da muss es auch preiswertere Bestattungen geben. Aber die Anonymität einer Bestattung verachtet den Namen, der für den Menschen und sein Leben steht. So wird er auch leichter vergessen; dabei brauchen wir die Erinnerung. »Ich habe dich bei deinem Namen gerufen« (Jesaja 43,1), sagt Gott. Und so sollen auch wir der Toten mit Namen gedenken. Ich habe schon ein paar Mal erlebt, dass Angehörige, die sich für eine anonyme Bestattung entschieden haben, dann doch fragen: »Können Sie uns ungefähr sagen, wo der Opa liegt?« Wir suchen und brauchen Orte des Gedenkens. Ein Kreuz auf einer Seekarte kann da sehr einsam machen. Den Namen erinnern und einen öffentlichen Ort der Trauer haben, das ist wichtig. Und ein Friedhof, der kann, so hoffe ich, auch für Sie ein Ort des Friedens werden, des Gedenkens.

Also, lieber Herr Schuster, mein Rat ist: Nehmen Sie sich Zeit zur Trauer, Zeit zum Abschied auch nach dem Tod und Zeit für die Tränen, die so ein Abschied kostet. Das ist sicher nicht die Antwort, die Sie erwartet haben. Wie gesagt, ich werde auch mit dem Krankenhaus, über das Sie sich geärgert haben, Kontakt aufnehmen. Aber das ist nur ein Nachspiel und nicht wirklich wichtig für Sie, höchstens für andere Situationen, andere Menschen. Es wird Ihnen meines Erachtens auch gar nicht helfen, wenn jetzt irgendwelche Verantwortlichen oder vermeintlich Schuldigen gefunden werden, in der Aufnahme oder unter den Ärzten und Pflegekräften. Deren Aufgabe ist in der Tat zuallererst der Patient, und da hat sich niemand etwas zuschulden kommen lassen. Jetzt geht es um Sie und darum, dass Sie Ihre Lebensbalance wiederfinden.

Vielleicht ist diese Erfahrung ja auch im guten und tiefen Sinne lehrreich. Sie sind verheiratet, Sie haben zwei Söhne, das haben Sie geschrieben. Wie ist es mit Ihrer Vorbereitung auf das Sterben? Gut, Sie sind erst Anfang 50, mögen Sie sagen. Aber wie gefährdet, wie zerbrechlich das Leben ist, das ist offensichtlich. Klugheit im Sinne des Psalmwortes, das ich oben genannt habe, heißt ja einerseits, sich auf das Sterben vorbereiten, mit den Menschen, die wir lieben, besprechen und klären, was zu klären ist. Vor allem aber bedeutet solche Klugheit, dass wir uns der Begrenztheit des Lebens bewusst sind. Wir alle haben nur eine bestimmte Spanne von Jahren zur Verfügung. Ich finde, dieses Bewusstsein hilft, Wichtiges von Unwichtigem zu unterscheiden. Mir bringt es oft eine gewisse Gelassenheit auch mit Blick auf eigene Ziele. Mit Blick auf Tod und Ewigkeit gibt es einfach elementare Fragen – und Dinge der Welt, die in diesem Licht völlig irrelevant werden.

Ich wünsche Ihnen von Herzen, dass Sie sich Zeit nehmen können und Frieden finden mit Ihrem Vater,

Ihre
Margot Käßmann

P.S.: Übrigens haben Sie sich gefragt, ob es richtig war, dass Ihr Sohn den kleinen Jonathan, Ihren Enkel, zur Beerdigung mitgebracht hat. Da will ich nur noch sagen: Das finde ich sogar sehr gut. Er hat den Urgroßvater ja gekannt. Es ist wichtig für ihn, die Trauerrituale kennen zu lernen. Ich habe es immer falsch gefunden, Kinder davon auszuschließen. Sie fragen doch. Wenn wir ihnen Tod und Sterben vorenthalten, verheimlichen, macht ihnen das nur Angst. Und beim Umgang mit dem Tod lernen nicht nur Kinder von uns, auch wir können von ihrer Ernsthaftigkeit und Trauer etwas lernen. Jedenfalls halte ich es für ganz wichtig, Kinder mit auf den Friedhof zu nehmen. Auch sie haben ein Recht auf Abschied in Würde.

Engel sehen

Liebe Frau Müller,

es berührt mich, dass Sie mir schreiben, bei meiner Predigt sei Ihnen klar geworden, dass Sie vor einiger Zeit einem Engel begegnet sind. Ein bisschen erschrocken habe ich mich darüber zuerst schon. Mir geht das manchmal so, dass ich – wie soll ich sagen – befangen bin, wenn Menschen mir sagen, was eine Predigt oder ein Vortrag ausgelöst haben …

Gerade dem Thema Engel habe ich mich in den letzten Jahren sehr angenähert. Alles fing damit an, dass mir – ich war Generalsekretärin des Deutschen Kirchentages – eine Delegation des finnischen Kirchentages einen Engel mitbrachte. Ich fand ihn kitschig. Er ist aus Ton, die Flüge ragen ihm sozusagen gleich mitten aus dem Gesicht heraus. Doch dann hing er da an der Wand und hat mich so manchen Kirchentags-Schreibtischtag über begleitet. Schaute sozusagen freundlich interessiert zu, was ich da machte. Ich habe mich an ihn gewöhnt. Aber dann machte ich eines Tages die Balkontür auf, stieß an den Engel und er fiel herunter. Kaputt. Ich war richtig unglücklich. Unsinn, oder? Wie kann jemand unglücklich sein wegen so eines getöpferten Teils? Also ab in den Papierkorb. Der Engel ging mir aber den ganzen Abend nach. Und nachts. Und früh um fünf bin ich ins Auto gestiegen, zum Büro gefahren und habe den Engel aus dem Papierkorb geholt, bevor die Reinigungsfrauen kamen. Er ist geklebt – und liegt inzwischen auf dem Fensterbrett in meiner Bischofskanzlei. Aufgehängt habe ich ihn lieber nicht mehr.

Seitdem habe ich aufgehört, nachsichtig zu lächeln, wenn Menschen von Engeln sprechen. Zu meinem finnischen Engel sind einige andere dazugekommen. Ein großer, schlanker aus Ton hält beispielsweise eine Schale, in der Weihrauch verbrannt werden kann – der wurde mir in einem Kloster geschenkt. Ein anderer aus Keramik liegt auf meinem Schreibtisch. Ich weiß nicht mehr, wer ihn mir geschenkt hat, aber es ist ein »Engel der Gelassenheit«, und manchmal, wenn ich mich aufrege, lächele ich ihn an und denke: Ja, ich weiß schon. Zwei schlanke aus herrlichem Holz sind noch dabei, die sich wunderbar anfassen lassen. Die hat mir ein Künstler geschenkt, der in der Loccumer Akademie eine Engelausstellung zeigte. Ist das nun Unfug mit den Engeln?

Irgendwann wollte ich es dann genauer wissen und habe mich in meinem Weihnachtsbrief, in Andachten und Predigten mit Engeln befasst. Ich war ganz erstaunt, wie viele Reaktionen ich auslöste. Viele Menschen haben mir erzählt und geschrieben, was ihnen Engel bedeuten. Ich hatte das bekannte Gedicht von Rudolf Otto Wiemer zitiert – »Es müssen nicht Männer mit Flügeln sein« – und den Text von Ludwig Thoma zum Münchner im Himmel, der sich als Engel einfach nicht eignet, sowie das alte Gebet von den »vierzehn Engeln, die um mich stehen«. Von den Engeln zu reden wirkte offensichtlich wie ein Ventil, das Menschen einen Zugang eröffnet hat. Sie haben gewagt, von eigenen Engelerfahrungen zu sprechen; und das war gar nicht immer humorvoll. Da gibt es offenbar viele Schutzengelerfahrungen. Und Erfahrungen mit Engeln, die in entscheidenden Situationen den richtigen Weg weisen.

Nun muss ich Ihnen sagen: In der Theologie sind Engel nicht so sehr beliebt. Sie werden von manchen ein bisschen verächtlich angesehen, oft auch als »Frauensache« betrachtet (damit kann es ja auch nicht ganz so wichtig sein) und vielleicht ein wenig in die esoterische Ecke geschoben. Aber da bin ich in der letzten Zeit trotzig geworden. Die evangelische Theologie sagt ja, die Bibel sei letzten Endes das Kriterium, die

Grundlage von Glauben und dem Nachdenken über Gott und die Welt. Ja, und in der Bibel schwirrt es doch geradezu von Engeln! Die verkünden unablässig, was Gott will und tut. Zacharias erscheint ein Engel, der die Geburt des Johannes ankündigt, Maria erscheint der berühmte Engel Gabriel, die Hirten auf dem Felde erfahren durch den Engel, was sich zugetragen hat. Und auch der hebräische Teil der Bibel kennt jede Menge Engel. Im Buch Hiob, in den Psalmen, den Propheten Jesaja, Hosea, Maleachi und Daniel. Mein liebster Engelvers steht übrigens in Psalm 91,11 und wird dann in der Versuchungsgeschichte Jesu (Matthäus 4,6 und Lukas 4,10) aufgenommen: »Denn er hat seinen Engeln befohlen, dass sie dich behüten auf allen deinen Wegen«. Mendelssohn hat das vertont und der Bachchor in der Marktkirche in Hannover hat es gesungen, als ich am Tag meiner Einführung als Landesbischöfin zur Kanzel ging, um die Predigt zu halten. Damals dachte ich: Was kann dir da noch passieren …

Also: Die Bibel kennt Engel. Sie sind Boten Gottes, sie vermitteln, was Gott will, sie sagen die Gegenwart, die Anwesenheit Gottes zu. Gott ist da, tröstend, haltend, bergend und sagt: »Fürchte dich nicht!« Diese Zusage ist so etwas wie die Visitenkarte der Engel, denke ich. Luther hat ja immer Wert darauf gelegt, dass wir nicht Heilige und auch nicht Engel anbeten. Und doch hat er seinen Morgen- und seinen Abendsegen mit der Bitte beschlossen: »Dein heiliger Engel sei mit mir, dass der böse Feind keine Macht an mir finde.« Das finde ich einen sehr schönen Gedanken, denn er weist auf die Engel hin als die Erfahrung von Gottes begleitender Gegenwart. Das ist ja im christlichen Glauben so oft ausgeblendet, dass es neben dem Hören auf Gottes Wort auch die Erfahrung von Gott gibt. Sosehr ich mich gegen die Definition von »Glaube ist Gefühl« wehre, weil mir so wichtig ist, dass ich beim Glauben meinen Verstand nicht ausschalten muss, so trocken finde ich einen Glauben ohne Erfahrung. Beim Glauben geht es nicht nur um Lesen, Hören, Verstehen und Schreiben, sondern auch um Singen, Lieben, Fühlen und Spüren. Vielleicht bringen Engel das am ehesten nahe.

Die Künstlerin, die jenen »Engel der Gelassenheit« hergestellt hat, der auf meinem Schreibtisch liegt, hat insgesamt 31 Engel geschaffen – vom »Abenteuer-Engel« bis zum »Engel der Weisheit«. Inzwischen habe ich einige davon bestellt und verschenkt. Sie schreibt dazu, sie habe das Gefühl gehabt, die Engel wollten gemacht werden. Sie seien entstanden durch einen Prozess, an dem Intuition, Gefühl und Verstand beteiligt sind – und dann eine sehr aufwendige Handarbeit. Vielleicht ist das ja auch mit dem Glauben so, denke ich. Der setzt sich zusammen aus Intuition, Gefühl und Verstand und wird gelebt in einer sehr aufwendigen Handarbeit, von Tag zu Tag …

Engel sind sicher nicht verfügbar. Es gibt auch Zeiten, da sehnen wir uns nach einem Engel und finden ihn nicht. Oder wir fragen uns beim Zeitunglesen: Warum war da kein Engel, um das Kind zu schützen, das ermordet wurde? Und wie ist es mit Todesengeln – sind das Vorboten des Grauens, der Angst, des Todes? Ich weiß es nicht.

Aber ich bin überzeugt, Engel kennen auch Leichtigkeit. Sie können ein Lächeln auf dein Gesicht bringen. Mir geht eine Begebenheit durch den Sinn, als ich für meine Töchter Schlafanzüge zu Weihnachten kaufte. Ich hatte eine schreckliche Sitzung hinter mir und dachte, etwas Schönes für die vier zu Weihnachten aussuchen, das ist jetzt vielleicht das Richtige. In der Abteilung sprach mich ganz zurückhaltend ein netter junger Mann an. Er wolle seiner Freundin einen Schlafanzug schenken, und was da wohl das Richtige wäre. Der, den ich ihm zeigte, gefiel ihm nicht. Aber der, den ich für eine Tochter ausgesucht hatte, der wäre was. »Meine Tochter ist 17«, sagte ich. Und er war froh: »Meine Freundin auch, dann passt das doch!« Und tatsächlich, die Verkäuferin zauberte noch einmal denselben aus dem Lager hervor, wir bezahlten und gingen zum Einpacktisch. Als wir beide dasselbe Päckchen in der Hand hatten, sagte ich: »Jetzt könnte es nur noch ein Problem geben – wenn meine Tochter Ihre Freundin ist!« Wir mussten beide so lachen, dass ich noch den ganzen Rest des Tages gute Laune hatte. Es war einfach eine nette Begegnung im Alltag, ich will nicht mehr aus ihr machen. Doch wir könnten es auch so sehen: Wir können füreinander Engel sein, die Dinge können sich zurechtrücken, ins rechte Licht, die düsteren Stimmungslagen erhellen. Vielleicht gibt es ja auch einen Engel des Humors, aber der ist mir noch nicht getöpfert oder gemalt begegnet. Allerdings bin ich überzeugt, dass der liebe Gott Humor hat. Und ich selbst brauche ganz bestimmt Lachen und Humor, um das Leben zu meistern. Martin Luther (noch einmal!) hat einmal gesagt, das Evangelium könne nur mit Humor gepredigt werden. Das ist zu selten spürbar und deshalb bemühe ich mich, dass bei jeder meiner Predigten zumindest einmal so etwas wie Heiterkeit, wenn nicht befreiendes Lachen in der Gemeinde hörbar ist.

Vor allem aber können Engel trösten, denke ich. Am liebsten ist mir da Hans Christian Andersen: »Jedes Mal, wenn ein Kind stirbt, kommt ein Engel Gottes zur Erde hernieder, nimmt das tote Kind auf seine Arme, breitet die großen breiten Flügel aus und fliegt über die Stätten, die das Kind lieb gehabt hat …« Das ist ein wunderbares Bild. Ein Bild dafür, wie Gott uns hält und trägt über den Tod hinaus.

Ja, liebe Frau Müller, was soll das alles nun auf Ihre Frage nach dem Engel sagen? Ich denke, es gibt Engel. Sie sind die Erfahrung von Gottes Nähe. Definieren kann ich Engel nicht, sie lassen sich nicht einfangen in unsere Sprache. Aber sie sind da. Wenn wir uns für sie öffnen, können wir ihnen begegnen: in anderen Menschen, im Gespür, im Glauben. Lassen Sie sich da nicht beirren. Und lassen Sie sich auch nicht einreden, Engel seien nur etwas für Esoteriker. Sicher gibt es viel Missbrauch von Engeln und auch Engelglauben, der außerhalb des christlichen Glaubens liegt. Aber der Glaube an Engel, die Erfahrung von Engeln, das ist gut christlich. Er ist in den Evangelien überliefert und in Jahrhunderten erkennbar gewesen. Sicher sollten Engel nicht überhöht werden und an die Stelle Gottes treten. Aber wenn Sie Engel sehen oder spüren, ist das nicht abwegig. Zum Glauben gehört auch die Offenheit für eine Erfahrung von Gottes Nähe.

Ihnen alles Gute,
Ihre
Margot Käßmann

P.S.: Wieder zu Weihnachten vor wenigen Jahren hat mir meine beste Freundin einen kleinen Schutzengel geschenkt. Er ist ein bisschen kitschig, klein und pummelig, aus Holz und schaut hingebungsvoll zum Himmel. Am meisten bewegt mich, dass er einen gelben Stern auf der Brust trägt. Den habe ich erst gar nicht so richtig wahrgenommen. Aber dann fragte meine jüngste Tochter: »Warum hat der denn einen Judenstern?« Ja, ein Judenstern. Das hat mich sehr berührt. Dem Künstler war das sicher gar nicht bewusst, aber er sieht aus wie ein Engel mit einem Judenstern. Und da wünsche ich mir, dass es mehr Schutzengel gegeben hätte für die Juden Europas in der Nazizeit, als sie mit diesem Stern gekennzeichnet und gedemütigt wurden. Ein Schutzengel für all die gefolterten und ermordeten Frauen, Männer und Kinder jüdischen Glaubens – es hätte so mancher christliche Nachbar einer sein können …

Den eigenen Weg finden

Lieber Kevin,

den Abend, als wir beim Jugendcamp miteinander geredet haben, habe ich mir noch einmal durch den Kopf gehen lassen. Du hast mir daraufhin geschrieben und erzählt, wie es dir gerade geht. Du bist in einer schwierigen Situation, das sehe ich ein. Das Abitur hast du nicht geschafft, deine Beziehung zu Jennifer ist kaputtgegangen und deine ehemaligen Klassenkameraden und Freunde sind jetzt in alle Welt verstreut, weil sie studieren oder Zivildienst leisten. Das ist schwer – aber ich habe dich an diesem Abend geradezu unmäßig erlebt in deiner Enttäuschung, deinem Zorn und deiner Sehnsucht nach Glück. Du seist überhaupt nie glücklich gewesen, meinst du. Du bist wütend auf andere Menschen, auch auf Gott und auch auf die Kirche, und gibst allen irgendwie die Schuld daran. Und schließlich sagst du, das Leben macht keinen Sinn. Das ist ein harter Satz!

Und darum denke ich erst einmal: Urteile nicht gleich so hart. Ja, es hat schon etwas Richtiges, seinen Zorn erst mal rauszulassen. Als ich einmal zornig war und mich hinterher dafür geschämt habe, hat mir jemand ein Zitat von Martin Luther zugeschickt: »Zorn am rechten Ort ist eine Gabe Gottes, und zur rechten Zeit mit rechten Worten schelten zu können ist eine große Kunst. Wenn ich zornig bin, so lasse man mich nur zufrieden und lasse mich verschnaufen. Es kommt mir oft viel in den Weg, was mich ärgert. So geht es wohl anderen auch. Darum soll man einem Zornigen Raum geben.«

Also lass uns deinem Zorn Raum geben, da steckt ja viel dahinter, was rausmuss. Ich habe das fast wie eine Druckwelle wahrgenommen, die eine Möglichkeit finden muss, sich zu entladen. Aber ich will auch, fast gleichzeitig, sagen: Verlier' dich jetzt nicht in deinem Zorn, sondern nimm dir Zeit, denk nach. Ich habe schon Leute kennen gelernt, die sich so in ihren Zorn und Ärger verbissen haben, dass sie nicht mehr herausfinden konnten. Manchmal hilft es mir, so merkwürdig das klingt, eine Liste zu machen: Dann versuche ich, aufzuzählen, was positiv und was negativ wiegt, etwa bei einer Entscheidung oder bei einer Beurteilung. Wie wäre es, wenn du das mit Blick auf dein Leben mal ausprobierst? Du hast vieles geschildert, was sicher ungerecht ist, was verletzt und manches ausweglos erscheinen lässt. Aber wie sieht es auf der anderen Seite aus: Gäbe es da nicht auch etwas aufzulisten? Nein, ich meine das nicht gleich als Lebensbilanz, dazu bist du auch noch ein bisschen jung. Trotzdem kannst du schon zurückgehen in deiner Erinnerung. Waren da nicht auch glückliche Momente? Vielleicht als du einmal ein Tor geschossen hast. Als du das erste Mal allein Fahrrad fahren konntest. Als ein Freund zu dir gehalten hat. Dein Führerschein, den du ja offensichtlich hast. Beim ersten Kuss? In deiner Liebe zu Jennifer?

Jetzt denkst du vielleicht: Was soll das denn? Das sind doch Kleinigkeiten, Momente, die schnell vorbei sind, und beim Sinn und beim Glück geht es doch um das Große und das Ganze.

Was ist Glück? Darüber haben schon viele Philosophen lange nachgedacht. Ich persönlich denke: Es gibt kein Recht auf Glück. Die wichtige Frage ist vielmehr, wie du mit deinem eigenen Leben umgehst. Wenn wir uns die Geschichte der Menschheit anschauen, ist unsere eigene Lebenszeit nur ein Millimeter, ein Hauch, ein ganz kleiner Ausschnitt. Wie wir diese begrenzte Zeit nutzen, ob wir vor Gott und uns selbst und den Menschen, mit denen wir leben, Verantwortung übernehmen können für unser Leben, darum geht es. Das ist wichtig, auch wenn es in keinem Geschichtsbuch stehen wird.

Die russische Autorin Ljudmila Ulitzkaja hat einen Roman

geschrieben, »Die Reise in den siebten Himmel«, darin sitzt eines Sonntagmorgens die Tochter Tanja mit ihrem Vater am Tisch und sie diskutieren über Sinn und Bedeutung der Geschichte. Der Vater sagt: »Julius Cäsar war ein wesentlich begabterer Feldherr als Stalin, Augustinus hundertmal klüger, Nero viel grausamer und Caligula einfallsreicher im Erfinden von Gemeinheiten. Und alles, absolut alles, das Blutigste und das Erhabenste, ist eines Tages nur noch Geschichte.« Seine Tochter Tanja sagt: »Aber es ist doch irgendwie ein trauriger Gedanke, dass alles sinnlos ist und alle Opfer vergebens.« Pawel Alexejewitsch lacht und sagt: »Welche Opfer? Es gibt keine Opfer. Es gibt nur den Instinkt der Selbstrechtfertigung, der Rechtfertigung von Handlungen, die manchmal klug sind, manchmal sinnlos, meistens böse und selbstsüchtig. In einigen tausend Jahren, Tanetschka, vielleicht auch in fünfhundert Jahren, wird ein alter Gynäkologe wie ich – denn unseren Beruf wird kein Fortschritt je abschaffen – die russische Geschichte des zwanzigsten Jahrhunderts lesen, und darin wird es zwei Seiten über Stalin geben und zwei Absätze über Chruschtschow. Und ein paar Anekdoten.«*

Man könnte denken – vielleicht geht es dir so –: Dann ist ja alles relativ. Und egal. Das denke ich nicht; trotzdem ist die Einordnung, die hier vorgenommen wird, gut beschrieben. Es tut wohl manchen, die sich groß und mächtig fühlen, sehr gut, sich die Relativität des eigenen Tuns, der eigenen Macht klarzumachen. Sie sind bestenfalls auch eine Fußnote der Geschichte! Und den so genannten »kleinen Leuten« hilft es vielleicht mit Blick auf die eigene Ohnmacht. Nun liegt diesem Gespräch zwischen Vater und Tochter allerdings eine atheistische Perspektive zugrunde. Für Christinnen und Christen stellt sich die Frage nach dem Sinn des Lebens noch einmal

* Ljudmila Ulitkaja, Reise in den siebten Himmel, Berlin (o.J.), S. 184 f.

anders. Da geht es immer um ein doppeltes: Einerseits bist du, ist dein Leben schon gerechtfertigt. Du musst dir den Sinn deines Lebens nicht durch besonders herausragende Leistungen selbst erarbeiten. Und dein Leben erhält seinen Sinn auch nicht durch besonderes Gelingen oder durch Geld oder Können oder sonst etwas. Da ist zuerst und vor allem Gottes großer Zuspruch, der gibt dem Leben Sinn. Der Sinn des Lebens ist sozusagen ohne dein Zutun gesetzt. Das gilt auch für die Opfer der Geschichte, die ich nicht ignoriert wissen will.

Aber dann gibt es eben auch Gottes Anspruch: Ich habe dir das Leben geschenkt, nun mach auch etwas daraus! Das muss nun auch nicht gleich heißen, dass du die ganze Welt veränderst; da würdest du dich überfordern. Für mich heißt das: Übernimm Verantwortung da, wo du stehst. Finde Glück in den kleinen Dingen. Lebe so, dass du jederzeit, falls es zu Ende geht, Rechenschaft abgeben und sagen kannst: Ich habe stets versucht, das Beste daraus zu machen, Verantwortung zu übernehmen, glücklich zu sein. Da gab es Fehler und Scheitern, widrige Umstände und Verletzungen, aber ich kann dazu stehen.

Und so heißt das für mich zumindest auch: Häng' nicht 'rum und bemitleide dich selbst, sondern zieh erst einmal ganz nüchtern Bilanz. Was läuft denn schief? Du hast das Abitur nicht geschafft, okay. Das ist schlimm, aber wenn ich mich nicht irre, hast du in deinem Brief auch angedeutet, dass das weniger eine Glücksfrage war. Du hattest keine Lust mehr auf Schule und hast dich hängen lassen. Jetzt hast du aber eine Lehrstelle im Reisebüro und das ist doch kein schlechter Job. Sicher ist die Lehrzeit nicht andauernd lustig, aber das ist sie in keinem Beruf. Die Frage wird sein: Machst du etwas daraus? Jetzt halt' doch erst einmal durch. Ich denke, da gibt es noch viele Möglichkeiten. Du bist erst am Anfang. Aber du bist auch nicht das »ärmste Würstchen« auf der Welt. Andere mögen im Moment mehr Geld haben, aber wieder andere haben auch weniger oder hätten gern deine Ausbildungsstelle. Also behutsam Bilanz ziehen. Und dann überleg' dir, was auf der Habenseite steht. Du bist jung, du bist gesund, du hast Eltern, die dich unterstützen. Wenn du dann Soll und Haben hast, dann überlege dir sozusagen in der dritten Spalte, was du gern anfangen möchtest mit deinem Leben; wenn du 60 bist: Was möchtest du dann über dein Leben mal sagen können?

Lieber Kevin, nimm dir Zeit dafür! Du bist jung und ich weiß, dass viele in deinem Alter flott von heute nach morgen leben. Aber da kann es dir passieren, dass dein Leben einfach so an dir vorbeigeht. Suche nach Sinn, Fragen nach Glück, das ist wichtig, von fundamentaler Bedeutung, existentiell. Du hast mir ja nun bewusst als Bischöfin einen Brief geschrieben, nachdem wir uns beim Jugendcamp kurz kennen gelernt haben. Und ich möchte dir sagen, dass es für mich im Matthäusevangelium in der Bibel die schönsten Verse über das Glück überhaupt gibt. Es sind die Seligpreisungen (Matthäus 5), die in der ganzen Welt und zu allen Zeiten Menschen ans Herz gewachsen sind. Für mich sind sie auch eine Art Kontrastprogramm zu dem, was wir sonst so über das Glück hören. Die großen Glücksverheißungen heute lauten ja: Stark sein, gute Figur haben, viel Geld ausgeben, tolle Reisen machen können. Jesus sagt: Glücklich, selig sind die Sanftmütigen, die reinen Herzens sind, die Friedfertigen, die, die hungert und dürstet nach der Gerechtigkeit. Das ist doch eine wunderbare Anleitung zum Glücklichwerden. In den kleinen Dingen finden wir Glück, in einer Lebenshaltung, die offen ist für das Leben selbst, im liebevollen Umgang miteinander, darin, das Richtige zu tun.

Mir geht es so, dass ich manchmal bei einem langen Spaziergang tiefes Glück empfinden kann. Letztes Jahr bin ich bei Vollmond am Strand entlanggegangen, ein leichter Sommerwind wehte, ich spürte den Sand an den Füßen. Das war nach einem schönen Abend, an dem ich mit meinen Töchtern aus vollem Herzen lachen konnte. Ist das zu einfach? Wenn du es in anderer Version haben willst, hör mal das Lied »Simple Things« von Joe Cocker, ich finde, er drückt das sehr gut aus.

Du hast gefragt, was ich denn zu deiner Situation sagen würde. Das mag ein bisschen bemutternd klingen – und warum auch nicht –, aber die Antwort ist: Sei nicht so unzufrieden und griesgrämig, sondern nimm dein Leben in die Hand. Freu dich an den kleinen Dingen, tu das, was du tun kannst und engagier' dich auch für andere. Rede mit Gott darüber, da kannst du manches klären. Dann findest du eine andere Grundhaltung im Leben und das verändert dich. Meine Erfahrung ist: Wenn du es selbst ausstrahlst, kommen andere auch so auf dich zu: offen und freundlich. Und dann findest du Glück, in einer Berührung, einem Engagement für andere, einer Begegnung.

Ich wünsche dir sehr, dass du so den Durchbruch schaffst. Dafür von Herzen Gottes Segen wünscht dir

deine
Margot Käßmann

PS.: Ljudmila Ulitzkaja hat noch einen schönen Roman geschrieben, vielleicht hast du Lust, den zu lesen: »Medea und ihre Kinder«. Da geht es um eine alte Frau, die auf der Krim ein Ferienhaus hat. Und die Kinder kommen und gehen in den Ferien von Generation zu Generation. All die Menschen mit ihren Sorgen und Niederlagen, ihrem Liebeskummer und ihren Erfolgen – das macht nachdenklich mit Blick auf einen selbst, es lässt die Lesenden mit bangen und zugleich schmunzeln. Aus dem Blick der alten Medea relativiert sich da manches – mit etwas Abstand sehen die Dinge manchmal anders aus … Und manchmal ist ein scheinbares Unglück die Wende hin zum Glück.

Älter werden

Liebe Angelika,

nach unserem Telefonat gestern muss ich dir doch einfach schreiben – weil ich mich richtig ärgere. Ich finde, es ist schlicht Unsinn, den 50. Geburtstag nicht zu feiern und an dem Tag schwarz zu tragen! Das ist doch wahrhaftig ein Festtag! Über Falten und Hängebusen jammerst du da 'rum – nun mal ehrlich, hast du geglaubt, wir sehen mit 50 noch aus wie 20? Und willst du wirklich noch einmal 20 sein?

Ja, ich weiß, alle sind jugendfixiert. Botoxspritzen sind in und Lifting und Fettabsaugen – das ist sozusagen schon normal … Aber ich will mich damit einfach nicht abfinden! Altwerden ist und bleibt doch ein natürlicher Prozess: und irgendwie auch etwas Großartiges. Du bist reifer, klüger, siehst vieles gelassener, musst vieles auch nicht mehr tun. – Kürzlich war ich zu einem Interview eingeladen mit einer 29-jährigen Regisseurin. Einerseits habe ich die junge Frau bewundert. Es ist großartig, wie viele Ideen sie so jung schon verwirklicht hat und wie viele Projekte ihr schon im Kopf herumschwirren. Und andererseits dachte ich auch: Wie vieles hast du noch vor dir, Höhen und Tiefen, Kämpfe und Verletzungen. Das kostet ja alles auch enorme Kraft – und wenn ich die gut 20 Jahre überblicke, die ich älter bin als diese junge Frau, dann waren das sicher meine anstrengendsten, was die familiären und beruflichen Anforderungen betrifft. Jetzt habe ich langsam das Gefühl, wieder mehr Zeit für mich zu haben, nicht mehr um berufliche Anerkennung kämpfen zu müssen und gleichzeitig nicht mehr stündlich für die Kinder greifbar sein zu müssen. Vor einer Konferenz in Kanada habe ich mich neulich vier

Tage mit Freundinnen in den USA getroffen – wir hatten eine wunderbare Zeit mit Reden und Essen und Einkaufen und Besichtigungen: Es war großartig – ich habe es ohne Skrupel genossen.

Ja, wir werden älter. Und ich erlebe viele von unseren Freundinnen, die damit zu kämpfen haben. Den Männern scheint das irgendwie weniger auszumachen. Oder liegt das daran, dass ihre Chancen auf dem »Markt« nicht schlechter werden mit dem Alter? Die meisten Männer, die sich scheiden lassen, heiraten innerhalb eines Jahres wieder und in der Regel eine jüngere Frau als die vorige. Das sollten wir Frauen mal versuchen. Aber da gilt wohl wirklich das schöne Filmzitat, das ungefähr so geht: »Für eine Frau über 40 ist es wahrscheinlicher, von einem Meteoriten erschlagen zu werden, als einen Mann zu finden« – schöner schräger Frauenhumor …

Doch lassen Paare mit so großem Altersunterschied bei mir auch Fragen zurück. Da gibt es die Auseinandersetzung um die Kinder. Oft haben die Männer schon welche, aber ihre junge Frau in der zweiten oder dritten Ehe will noch welche, weil sie ja keine eigenen hat. Das ist verständlich. Aber wenn dann kleine Kinder zu dem Mann im Schwimmbad, von dem ich meinte, er sei der Opa, »Papa!« sagen, dann denke ich, das muss ganz schön anstrengend sein. Mit 60 will ich jedenfalls keine Kleinkinder mehr versorgen, höchstens die Enkel! Wenn die jungen Frauen dann in unserem Alter sind und noch ganz lebenslustig (oder?), dann ist ihr Ehemann vielleicht in einer ganz anderen Phase, in der er seine Ruhe haben will. Das alles sage ich nicht, um solche Ehen zu beurteilen, das kann ich gar nicht. Ich will dich nur von deinem Trip herunterholen, Männer hätten es so viel besser mit ihren jüngeren Frauen – eine solche Konstellation hat ganz gewiss ihre eigenen Probleme.

Den Frauen in Deutschland in unserem Alter geht es doch

insgesamt großartig. Wir mussten nicht ununterbrochen Kinder gebären und dann früh sterben. Das ist in anderen Gegenden der Welt so – ich habe es kürzlich in Äthiopien noch auf ganz belastende Weise gesehen. In einem Krankenhaus, das durch die Hermannsburger Mission in Ayra in der Provinz Wollega aufgebaut wurde, war beispielsweise eine Frau, deren neuntes Kind am Ende der Schwangerschaft quer im Becken lag. Nach zwei Tagen Wehen wurde sie in einem achtstündigen Marsch auf einem Esel in das Krankenhaus gebracht. Das Kind war tot, die Frau hatte so viel Blut verloren, dass der Arzt meinte, ihre Chancen, zu überleben, lägen bei 50 Prozent. Nun höre ich dich schon sagen: Ich solle dich nicht zu trösten versuchen mit Dritte-Welt-Geschichten. Aber ich bleibe dabei – und diese Geschichte macht es mehr als deutlich –, dass wir ungeheuer dankbar sein können dafür, wie gut es Frauen wie uns hier und heute geht, ob nun verheiratet, geschieden oder Single. Du und ich, wir sind berufstätig, wir haben Kinder, die fast erwachsen sind, wir sind gut abgesichert und versorgt, wir können in Urlaub fahren. Es gibt garantiert Millionen von Frauen in der Welt, die uns darum beneiden.

Aber das ist ja nur das eine. Das andere ist: Wir können in Würde älter werden. Wir haben ein lebendiges Gesicht – jede Falte steht für eine Erfahrung oder auch für ein Lachen! Ich finde so glatt gezogene Gesichter grässlich, darin kannst du nichts lesen. Wo sollen denn alle diese Erfahrungen hin? Neulich habe ich die Aufzeichnung einer Fernsehsendung gesehen, in der die Kamera dauernd voll auf mein Gesicht gerichtet war – so nah sehe ich das noch nicht mal im Spiegel. Und natürlich habe ich da gedacht: Hey, du hast inzwischen einiges an Falten, die sind schon ganz schön tief und gehen nicht mehr weg. Aber ich hoffe einfach, dass am Ende mehr Lachfalten da sind als Sorgenfalten!

Und der Körper: Klar ist der mit 45, 50, 55 nicht mehr so

glatt und schön wie bei einem jungen Mädchen. Wie sagte mir neulich eine Amerikanerin: Das sind die Gesetze der Erdanziehung … Galgenhumor, denkst du vielleicht. Aber mit ein bisschen Sport und gesunder Ernährung hat er doch seinen eigenen Ausdruck: der in Ordnung ist. Nun höre ich dich an dieser Stelle schon lachen und fragen, ob ich jetzt von ganz neuen Ideologien gefangen bin oder in die Kneipp-Gesellschaft eingetreten. Aber ich meine das ganz ernst. Ich fühle mich wirklich fit. Eine Bekannte sagte neulich, sie würde keine teure Kleidung mehr kaufen, die Hüfte würde doch immer breiter. Selbst wenn es so ist: Das spricht doch nicht dagegen, sich was Schönes zu kaufen! Ich weiß natürlich, dass unser Körper sich verändert. Doch das gehört ganz normal zum Leben. Wenn ich ein junges Mädchen sehe, mit einem so ranken jungen Körper, dann kann ich das schön finden, ohne gleich ins Kissen zu schluchzen, dass ich nicht mehr so aussehe. Ich bin über 50 und kann doch auch aussehen wie über 50. Als ich neulich mit einer Freundin einen Badeanzug gekauft habe, da haben wir beide gesagt: Na und, stehen wir dazu!

Bei einer Konferenz in Winnipeg hat sich eine leitende Kirchenfrau aus Deutschland mit den Worten vorgestellt: »Ich heiße … und bin 61 Jahre alt.« Und die Kanadierinnen und Amerikanerinnen zischelten gleich: »Oh no, don't say it!« Das ist doch verrückt, oder? Sie hat jedenfalls zum Ausdruck gebracht: Dazu stehe ich. Nichts daran ist schlimm. In den USA dürfen Bewerberinnen und Bewerber beim Einstellungsgespräch nicht gefragt werden, wie alt sie sind. Das wäre Diskriminierung durch »agism«, heißt es. Auch wenn ich weiß, dass es für Leute über 55 heute schwerer ist, Arbeit zu finden – ich finde das echt absurd.

Weißt du, neulich habe ich meine Tochter an ihrem Studienort besucht. Wir hatten uns länger nicht gesehen und sie sagte: »Mama, du wirst ja langsam grau!« Erst hat mich das irritiert. Aber sie hat das wirklich lieb gemeint, fast überrascht, zärtlich, nach dem Motto: Na so was, meine Mutter wird alt. Und dann habe ich gedacht: Wie oft haben mir Leute gesagt, ich sei zu jung für dies, zu jung für das. Ich lasse die grauen Haare wachsen, dazu bin ich fest entschlossen. Es gibt gut aussehende Kurzhaarfrisuren in grau total. Oder so herum: Andere machen sich Strähnchen ins Haar, ich habe welche.

Komm Angelika, nehmen wir es doch einfach auch von der humorvollen Seite. Und entdecken wir die Vorteile des Alters. Manches tut auch weh, das gebe ich zu. Ich laufe nicht mehr so schnell um den Maschsee hier in Hannover wie früher. Manchmal vergesse ich etwas und staune darüber. Und dann sagt mir der Augenarzt, ich bräuchte eine Brille zum Weitsehen, aber das sei ganz normal in meinem Alter. Reizend, oder? Aber ich will diesen Jugendwahn nicht mitmachen. Es ist doch geradezu absurd, dass alle möglichst alt werden wollen, aber niemand alt sein will in unserer Gesellschaft. Als ich letzten Monat ein Altenheim besucht habe, erklärte mir die Leiterin vorsorglich: »Sagen Sie bloß nicht Altenheim, da sind alle hier empfindlich. Wir sind eine Seniorenresidenz«. Ich befürchte, dass wir so die wirklich Alten, die Pflegebedürftigen immer weiter ins Abseits drängen. Mir tut es weh, wenn ich die Ungeduld an der Kasse im Supermarkt spüre, wenn eine alte Frau langsam ihre Cents zusammenzählt und die Kassiererin und alle in der Warteschlange gerne sehen würden, wie sie flott die EC-Karte zückt.

Was ist denn, wenn es keine Alten mehr gibt, die unseren Kindern die »Geschichten von früher« erzählen? Wenn niemand mehr alt sein will? Selbst die Organisationen der Alten geben sich Programme wie »Jung geblieben« etc. Kein Wunder, dass die Alten so keine Lobby haben. Ich finde, wir sollten aufrechten Hauptes alt werden, über auftretende Schwächen reden, über das Klimakterium samt Hitzewellen auch und davon, dass manches langsamer möglich ist, aber das Leben dadurch nicht weniger lebenswert wird. Vielleicht hilft uns das insgesamt, aus dem Jugend- und Mobilitätswahn auszubrechen. Und vielleicht entdecken wir ja, dass es nicht nur ein Marketing-Trick ist, wenn die über 50-Jährigen »best agers« genannt werden. Schließlich gehört zum Älterwerden auch eine gewisse Reife, gehören zu jedem Alter spezifische Einsichten – wieso sollten wir uns mit dem begnügen, was wir schon kennen: Als ob da nicht noch mehr wäre?

Nachdem ich vor einiger Zeit den Film »Jetzt oder nie« gesehen hatte, der alte Menschen wunderbar humorvoll, skurril, lebendig zeigt, ist mir klar geworden: Alte Menschen sind nahezu unsichtbar geworden in der öffentlichen Wahrnehmung. Wo kommt solche Lebensfreude im Alter, die Würde des Alters vor? Dieser Film ist eine so wunderbare Ausnahme, gerade weil sonst im Fernsehen 40-Jährige die Rollen der 60-Jährigen spielen. Mut zum Altwerden, Respekt vor dem Alter, diese Themen ergeben sich erst, wenn die junge Generation sich bewusst macht, dass sie selbst unausweichlich alt wird. Um weiterzukommen, braucht eine Gesellschaft auch ein Gedächtnis …

Wer zählt? Nur die Leistungsstarken? Die Macher des digitalen Zeitalters (die langsam auch in die Jahre kommen)? Die Jungen und Schönen? Da sind wir dann mitten beim evangelischen Glauben, bei der Rechtfertigungslehre und der Goldenen Regel. Gleich wirst du sagen, sie kommt schon wieder ins Predigen – also höre ich auf. Aber das muss ich noch abschließend sagen: Angelika, lass uns deinen 50. feiern. Wie wäre es mit einer Woche in einem Ferienhaus in Frankreich? Oder einem Wellnesswochenende unter Freundinnen (keine Panik, selbstzahlend)? Oder einfach einem kleinen Sektempfang… Mach dir keinen Druck, wenn du willst, richten wir anderen die Feier aus. Aber komm, lass dich feiern, freu' dich, Griesgrämigkeit und Sorgen bringen übrigens nur Falten!

Alles Liebe,
deine Margot

P.S.: Catherine Deneuve ist gut 60 und, wie ich finde, eine großartige Schönheit, mit der Sternchen wie Michelle Hunziger einfach nicht mithalten können. Als vor Jahren Inge Meysel neben zwei »glamour girls« bei Thomas Gottschalk auf dem Sofa saß, war sie einfach nicht zu übertreffen, trotz ihres Alters, trotz aller Falten, war sie die Besondere…

P.P.S.: Ich kann es mir nicht verkneifen, noch ein Kinofilm: »Kalender Girls«. Das ist echt klasse, Frauen in Yorkshire, die wirklich nicht nach Revolution aussehen, machen einen Kalender mit (sehr dezenten!) Nacktfotos. Guter britischer Humor und auch eine Ansage gegen den Jugendwahn.

Um Gerechtigkeit ringen

Lieber Herr Jobst,

ja, das verstehe ich gut, dass Ihnen das Silvesterböllern sozusagen unter den Händen verglühte, nachdem Sie gelesen hatten, dass die meisten bei uns benutzten Knaller von Kindern in China in der Schule hergestellt werden. Dürfen wir eigentlich fröhlich feiern, wenn wir doch wissen, dass so viele Menschen im Elend leben? Oder, in Anlehnung an Theodor Adornos längst sprichwörtlich gewordenen Satz: Können wir richtig leben angesichts von so viel Falschem, das es auf der Welt gibt?

Diese Frage treibt sehr viele Menschen um, davon bin ich überzeugt. Aber die meisten verdrängen sie ganz schnell wieder, weil sie nicht wissen, wie sie damit umgehen sollen. Viele Menschen würden sicher auch ganz konkret helfen, wenn sie wüssten, wie – das zeigt die hohe Spendenbereitschaft in Deutschland bei großen Katastrophen immer wieder. Aber das weltweite Ausmaß der Ungerechtigkeit ist so groß, dass wir ja gar nicht wissen, wo wir anfangen sollen. Und die Verhältnisse sind so kompliziert, dass gar nicht klar ist, wie konkrete Lösungen wirklich aussehen können. Ich denke da beispielsweise an Simbabwe. Gut habe ich noch in Erinnerung, welche Freude es bei vielen ausgelöst hat, als Rhodesien endlich frei wurde, endlich Gerechtigkeit für die schwarze Bevölkerung im Land greifbar wurde. Und dann? Heute hat ein schwarzer Diktator die Landwirtschaft eines Landes zugrunde gerichtet, das einst die Kornkammer des südlichen Afrikas war. Natürlich ist der Kolonialismus mit schuld an der Lage heute. Aber eben nicht nur. 1998 tagte der Ökumenische Rat der Kirchen in Harare/ Simbabwe, und da war beides zu sehen: der ungeheure Reichtum des Landes, seine Schönheit – und auch die Verelendung, die politische Katastrophe. Ich erinnere mich noch gut an einen Empfang für den Exekutivausschuss, an dem ich teilnahm. Wir sollten dabei Präsident Mugabe die Hand geben. Und ich wollte eigentlich nicht, weil ich dachte: Der Mann tut Unrecht, da können wir doch nicht einfach Höflichkeiten austauschen. Aber dann war ich zu feige und habe brav mitgemacht, als er den Exekutivausschuss des Ökumenischen Rates der Kirchen empfing. Als er dann zu einem Grußwort in das Plenum kam, bin ich beim Applaus aus Protest zumindest sitzen geblieben; aber ich kam mir hilflos vor.

Was können wir tun? Ist nicht alles viel zu kompliziert? Gibt es kein richtiges Leben im falschen?

Zunächst ist es wichtig, tatsächlich hinzusehen, Richtig und Falsch zu unterscheiden und dann das Unrecht nicht schlicht zu verdrängen; nicht einfach so zu tun, als habe unser Wohlstand in Deutschland nicht auch seinen Ursprung in den ungerechten Strukturen weltweit. Es sind Länder wie Brasilien, in denen vierzig Millionen Menschen vom Hunger bedroht sind, die an uns Zinsen zahlen. Dort wird der Kaffee für Dumpinglöhne produziert, den es bei uns zum gleichen Preis wie vor zwanzig Jahren gibt. Das ist ausschließlich bei Produkten aus dem Süden so. Von wegen »Geiz ist geil« – das bleibt dir im Halse stecken, wenn du eine Kaffeeplantage besuchst.

Es ist allerdings auch wichtig, nicht das ganze Elend auf die eigenen Schultern nehmen zu wollen. Damit überfordern wir uns. Aber: Sich an einem Punkt glaubwürdig einmischen, das macht Sinn. Eine kleine Sache: Kaffee zum Beispiel und Schokolade und überhaupt Produkte aus fairem Handel kaufen. Wenn die mehr Absatz finden würden, könnte die GEPA, die sie importiert, den Bauern Garantieabnahmen zusagen. Das würde ihre Situation stabilisieren. Oder es gibt beispielsweise die Partnerschaftsarbeit vieler Kirchengemeinden. Da wird direkt, von Mensch zu Mensch geholfen, nicht anonym. Oder nehmen wir Patenschaften der Kindernothilfe. Ich weiß, die werden immer wieder kritisiert. Aber ich habe in Addis Abeba gesehen, was das heißt, wenn ein Kind durch eine solche Patenschaft zur Schule gehen kann, täglich eine warme Mahlzeit erhält. Tropfen nur auf den heißen Stein, ja, ich weiß.

Doch diese Tropfen sind wichtig und nicht nur symbolisch. Konkrete Hilfe: nicht als paternalistische Besserwisserei, sondern als Zusammenarbeit von Menschen. Nehmen wir als weiteres Beispiel die Beschneidung von Mädchen, die Genitalverstümmelung. Was Mädchen da in vielen Teilen Afrikas angetan wird, ist brutal, grausam und völlig unsinnig. Aber es sind nicht wir in Deutschland, die das zu sagen haben. Wir würden es auch ablehnen, wenn Afrikaner uns sagen wollten, wie wir hier zu leben haben. Doch wir können die Aktionen in Afrika, zum Beispiel in Äthiopien, unterstützen, bei denen einheimische Frauen von Dorf zu Dorf ziehen und Aufklärungsarbeit leisten.

Schließlich ist es erst einmal grundsätzlich wichtig, sich zu informieren, Meinung mitzubilden. Wie soll die Politik eine Erhöhung der Entwicklungshilfe durchsetzen, wenn es dafür in der Bevölkerung keine Zustimmung gibt, weil alle nur festhalten wollen, was sie haben? Der Nord-Süd-Konflikt ist doch bei uns derzeit gar kein Thema, er ist einfach von der Tagesordnung gerutscht, weil alle mit sich selbst beschäftigt sind. Aber er muss in den Blick kommen, um unserer Verantwortung willen. Und da können Sie und ich und andere sehr wohl etwas beitragen.

Mir macht beispielsweise das Weltsozialforum Hoffnung, das es seit 2001 gibt. Da kommen kleine Leute zusammen, Bauern, Gewerkschafter, Frauengruppen, Menschen aus der Ökologie- und Friedensbewegung, und versuchen, Zukunftsmodelle zu entwickeln. »Eine andere Welt ist möglich« ist das Motto. Mir hat das imponiert, ich konnte beim Treffen in Südbrasilien im Januar 2003 dabei sein. Da teilen indische

Bauern ihr Wissen über Reisanbau mit brasilianischen Landbesetzern, da besprechen Frauen aus Guatemala Fragen der Empfängnisverhütung mit Frauen aus Indien. Gut, das Ganze ist verhältnismäßig klein. Und es ist sehr institutionenkritisch: Möglichst keine großen Reden, keine Resolutionen, kein Kontakt zur politischen oder wirtschaftlichen Führungsschicht. Ob das so richtig ist, bezweifele ich, weil mit den Machtzentren in Kontakt treten muss, wer etwas verändern will. Und doch, da wächst eine Pflanze der Hoffnung, an der beispielsweise unser Evangelischer Entwicklungsdienst auch beteiligt ist, ebenso wie Attac. Das sind junge Leute, die die Wirtschaftsordnung, die Machtverteilung in Frage stellen. Ich habe sie als sehr kreativ und sympathisch erlebt. Leider gibt es immer wieder welche, die zur Gewalt greifen und solche Bewegungen dadurch diskreditieren. Aber die Grundideen sind doch ähnlich wie Ihre und meine.

Ich gebe zu: Ich habe auch keine endgültigen Lösungen für die Weltprobleme. Aber die biblische Vision der Gerechtigkeit, die will ich im Auge behalten. Gott hat uns eine Welt zur Verfügung gestellt, die alle ernähren kann, allen Nahrung und Obdach geben könnte. Die Frage ist, ob wir bereit sind, zu teilen und gerecht zu verteilen. Dazu können wir gerade als Konsumentinnen und Konsumenten etwas beitragen. Bei den Herstellern von Sportschuhen beispielsweise hat die so genannte *clean clothes campaign* durchaus zu Veränderungen geführt. Nachfrage regelt den Markt, und wenn Hersteller wie Nike, Adidas und andere den Makel haben, in Billiglohnländern unter inakzeptablen Bedingungen zu produzieren, ist das auch marktschädigend. Es gibt *Rugmark*, den Versuch, Teppiche auszuzeichnen, die ohne Kinderarbeit hergestellt werden. Meiner Meinung nach schlummert hier noch ein riesiges Potential. Die Kampagnen müssten nur auf breitere Füße kommen – und wiederum: Dazu können wir etwas tun.

Ich habe in der Entwicklungsdiskussion vor allem gelernt, dass wir nicht versuchen sollen, von oben herab Lösungen für die anderen zu finden. Unser Ort des Handelns ist hier. 1983 habe ich erlebt, wie Bischof Desmond Tutu von einem jungen Engländer angehimmelt wurde, der sagte: »Lieber Herr Tutu, ich möchte so gern mit Ihnen nach Südafrika kommen und gegen die Apartheid kämpfen!«, und Tutu antwortete: »Ich glaube, da könnten wir dich kaum brauchen. Aber bei der *Barclays*-Bank in London, da könntest du etwas für uns tun!« Das war eine wichtige Lektion für mich.

Mir ist sehr klar, dass wir vor der Aufgabe stehen, das Weltwirtschaftssystem zu ändern, dass es darum geht, reiche Länder zum Teilen mit den armen Ländern zu bewegen. Die Welt ist durch und durch ungerecht und oft fühlst du dich als kleines Rädchen im System und fragst dich, ob du überhaupt etwas ändern kannst. Und dann gibst du auf. Aber wenn wir alle sagen, wir können nichts ändern, dann ändert sich nichts. Wenigstens im Kleinen sollten wir glaubwürdig leben. Ich bin selbst auch immer hin- und her gerissen zwischen dem Anspruch und der Wirklichkeit des eigenen Lebensstils. Welche Waren kaufe ich, wie lebe ich – das hat Gewicht. Aber Menschen, die permanent griesgrämig oder vorwurfsvoll durch die Welt laufen und immer alles »ganz öko« im Griff haben, gehen mir manchmal auch auf die Nerven. Ich will auch keinen Schuldkomplex oder ein schlechtes Gewissen auf Dauer entwickeln, weil ich in Deutschland geboren bin und deshalb viele Privilegien habe, die andere herbeisehnen. Aber verantwortlich leben will ich mit meinen Möglichkeiten, so dass ich eines Tages Rechenschaft darüber abgeben kann, wie ich gelebt habe.

Es bleiben mehr Fragen als Antworten, ich weiß. Vielleicht hilft da etwas Humor – zum Beispiel folgender Witz: Als Albert Einstein gestorben und in den Himmel gekommen war, wollte man ihm wegen seiner großen Verdienste um das Wissen und

Forschen einen Wunsch erfüllen. Einstein bedachte sich nicht lange und sagte: »Wenn ich wirklich einen Wunsch frei habe, dann möchte ich doch jetzt in Erfahrung bringen, woran ich in meinem Denken und Forschen immer wieder gescheitert bin.« Und er erbat sich, von Gott selbst die Weltformel zu hören. Gott begann, eine lange und komplizierte Formel aufzusagen. Einstein hörte aufmerksam zu, stutzte bald, schüttelte den Kopf, wurde immer unwilliger und rief schließlich: »Aber diese Formel ist voller Fehler!« Da lächelte Gott und sagte: »Ich weiß.«

Ja, Gott weiß. Und wir wissen. Und Gott gibt uns wunderbare Visionen von der Gerechtigkeit, die einst sein wird. Die sollten uns immer wieder antreiben, die Gerechtigkeitsfrage aufzunehmen, nachzufragen, wenigstens an *einem* Projekt mitzuwirken. Also: Wie wäre es, wenn Sie die Frage der Feuerwerkskörper aufgreifen? Verfolgen Sie das, schauen Sie, ob es irgendeine Möglichkeit gibt, ein Kontrollsiegel zu schaffen, Verbraucher zu informieren. Nehmen Sie die großen Fragen an einer Stelle als Ihre Sache auf. Ich selbst habe immer noch die Frage der Zwangsprostitution auf meiner Tagesordnung. Ich finde es unerträglich zu wissen, dass jedes Jahr fast 500 000 Frauen nach oder durch Deutschland geschleift werden, gegen ihren Willen. Das wollte ich schon lange zu meinem Thema machen, Ihr Brief ist ein kleiner Fußtritt, es endlich nicht mehr nur beim Gedanken zu lassen … Wenn alle etwas an ihrer Stelle tun, ein Thema aufgreifen, werden wir sicher nicht gleich vollkommene Gerechtigkeit schaffen, aber eine Spur der Gerechtigkeit legen, die einst sein wird. Ja, eine andere Welt ist möglich. Darauf hoffe ich.

In diesem Sinne ein gesegnetes neues Jahr,

Ihre
Margot Käßmann

Pubertätskrise meistern

Liebe Elke,

mir ist unser kurzer Besuch bei euch noch lange nachgegangen. Ich wollte ja eigentlich nur schnell auf eine Tasse Kaffee vorbeikommen, weil ich meine Mutter besucht habe und in der Nähe war. Und dann kam Sandra rein und es hat derart geknallt …

Zunächst will ich dir sagen: Deine Tochter ist ein wirklich attraktives Mädchen! Natürlich hat sie sich in den letzten beiden Jahren, in denen ich sie nicht gesehen habe, enorm verändert. Hätte ich sie auf der Straße getroffen, ich glaube, ich hätte sie nicht erkannt! Vor zwei Jahren war sie noch ein kleines Mädchen mit langen offenen Haaren, das mit Barbiepuppen spielte und vernarrt war in Pferde. Und heute spielt sie mit dem Sex-Appeal einer jungen Frau, mit Hüftjeans, aus der ein Calvin-Klein-Stringtanga blitzt, und Bauchnabelpiercing … Wow! Auf der Rückfahrt habe ich mir überlegt: Wenn schon äußerlich so viel Veränderung sichtbar ist, wenn sich körperlich so viel entwickelt in dieser Zeit, wie muss das erst innerlich aussehen? Das ist ungeheuer schwer für die jungen Leute, sich selbst zu finden, herauszufinden, wer sie sind, wie sie sein wollen. Da läuft sicher manches Mal das Äußere dem Inneren voraus …

Es war gleich zu spüren, wie dick die Luft zwischen euch beiden ist. Sandra war ja noch nicht ganz im Raum, da kippte die Stimmung bereits. Ich hatte den Eindruck, sie provoziert dich schon allein durch ihre Körperhaltung und ihr Outfit. Und eigentlich ging es doch gar nicht um die drei Euro für den Bus, oder? Sich deswegen so anzubrüllen, das lohnt wahrhaftig nicht! Nein, du musst dich nicht schämen, das habe ich dir schon gesagt. Ich habe mich selbst auch manchmal so erlebt, wütend, ungerecht und letzten Endes hilflos, wenn ich nicht wusste, was richtig ist als Mutter. Schaue ich zurück, muss ich heute manchmal schmunzeln und denke, warum hast du dich so aufgeregt? Aber das klingt jetzt vielleicht zu überheblich, zu gelassen. Es ist schon richtig, dass wir mit den Kindern ringen und kämpfen. Ich denke, sie müssen merken: Es ist den Eltern nicht gleichgültig, welchen Weg sie gehen. Viel zu viele Eltern geben in dieser Phase einfach auf, lassen die jungen Leute schlicht laufen. Das kann auch nicht richtig sein. Wir Älteren müssen doch sehen: Es ist für die Jugendlichen heute ungeheuer schwer, eigenständig zu werden, immer unabhängiger den eigenen Weg zu finden und gleichzeitig in dieser ganz massiven Veränderung so sehr Halt, Geborgenheit, Unterstützung zu benötigen.

Darum glaube ich, ein Doppeltes ist richtig. Zum einen mit den Kindern ringen, sie begleiten, sich mit ihnen auseinandersetzen. Zum anderen aber auch sie loslassen, freigeben und das eigene Leben leben lassen. Ehrlich gesagt war ich in der Pubertätsphase meiner Kinder oft besonders dankbar, dass ich berufstätig sein konnte. Dadurch konnte ich auch weggehen, hatte eigene Bereiche, auch Herausforderungen, die mich abgelenkt haben. Den ganzen Tag einem muffelnden und nörgelnden Teenager ausgesetzt sein, das ist ein Kraftakt.

Liebe Elke, lach' erst einmal drüber. Mir ist schon klar, dir ist nicht zum Lachen, weil Sandra dich verletzt hat. Ja, das tun Kinder in dem Alter. Sie können gnadenlos sein. Und manchmal, da verstehen wir sie wirklich nicht. Aber weißt du, dass Sandra Geheimnisse vor dir hat, das ist wirklich normal. Hast du mit 15 deiner Mutter alles erzählt? Also ich wahrhaftig nicht. Allerdings habe ich immer gewusst, wenn es wirklich schlimm kommt, wenn etwas richtig Gravierendes passiert, dann könnte ich zu ihr kommen. Bitte widersteh' deiner Versuchung, ihr Tagebuch zu lesen. Ich denke, wir müssen respektieren, dass es da Dinge gibt, die sie mit sich selbst abmachen wollen und wohl auch müssen. Das war mir als Jugendlicher auch wichtig, daran erinnere ich mich gut. Diese Grenze nicht zu akzeptieren, wäre ein Vertrauensbruch und ein Fehler, der eure Beziehung bestimmt belasten würde. So etwas vergisst ein Kind nicht.

Du hast schon Recht, es könnte auch etwas Schlimmes passieren. Da kann ich dir nur raten, warte einen ruhigen Moment ab. Die gibt es doch auch, Momente, in denen ihr beide nicht wie Kampfhähne (das ist ein schlechtes, weil männliches Bild, ich weiß) aufeinander los geht, sondern etwas Frieden einkehrt. Dann versuch mit ihr in die Stadt zu gehen und bei einer Tasse Kaffee in aller Ruhe klar zu sagen: Wenn es um Drogen geht, wenn es um Sex geht, wenn etwas gefährlich ist, sprich mit mir! Sie wird das hören und irgendwo abspeichern, wo es im richtigen Moment klar wird.

Es ist doch eigentlich klasse, dass junge Leute heute sagen, die wichtigste Person in ihrem Leben sei ihre Mutter. Das hat sich statistisch in den letzten Jahren deutlich gewandelt. Also sind wir auch Gesprächspartnerinnen, die grundsätzlich Vertrauen bei unseren Kindern genießen. Ein Jugendforscher hat sich neulich in einem Vortrag darüber geradezu lustig gemacht. Aber ich finde das großartig. Und es ist auch gut, dass Töchter mit den Müttern heute über Verhütung sprechen. Es ist schrecklich genug, dass immer noch so viele Mädchen ungewollt schwanger werden. Dass in den USA die Rate am höchsten in den westlichen Industrienationen ist, zeigt doch, dass Prüderie eben nicht weiterhilft. Auch die Parolen von der »wahren Liebe«, die »wartet«, sind wohl gut gemeint, helfen aber nicht. Jugendliche entdecken ihre Sexualität und haben Sex, das können wir doch nicht ignorieren. Und da ist es gerade im Zeitalter von AIDS besser, sie wissen, wie Kondome benutzt werden oder die Mädchen haben wenigstens Zugang zur Pille, als dass es zu Abtreibungen und AIDS-Infektionen kommt. Wenn sie allerdings wirklich »warten« wollen, sollten wir sie unbedingt ermutigen.

Übrigens habe ich in der Sache immer auch ein großes Gottvertrauen gespürt. Das ging mir im Grunde seit der Taufe meiner Kinder so. Ich habe sie unter Gottes Schutz und Segen gestellt, weil ich weiß, dass ich sie eben nicht vollkommen schützen kann. Die Taufe ist ja nichts Magisches, aber sie ist doch ein Eintreten oder ein Hineingeben in den heilenden Bereich Gottes, in Gottes Segensraum. Mir fällt es immer sehr schwer, zu verstehen, dass Menschen meinen, es sei eine Frage der Freiheit, Kleinkinder nicht zu taufen. Mit 14 Jahren könnten sie dann frei wählen. Aber die Säuglingstaufe ist doch keine Religionswahl der Kinder, sondern Zeichen des Glaubens der Eltern. Sie geben stellvertretend für ihr Kind das Bekenntnis zu unserem Glauben ab, versprechen, das Kind in diesem Glauben zu erziehen und das Kind wird eben diese Freiheit haben: zu dem Glauben der Eltern ja oder nein zu sagen, wenn es religionsmündig ist. Für mich ist die Säuglingstaufe weiterhin auch ein wunderbares Zeichen der Gnade Gottes. Ich weiß, das ist ein altmodischer Begriff. Aber Gnade meint ja: Zuwendung. Gott wendet sich diesem kleinen Geschöpf zu, obwohl dieses Kind ja keinerlei Vorleistung erbracht hat. Das ist eigentlich die sichtbare Kurzformel von Luthers Rechtfertigungslehre …

So eine lange Autofahrt wie von dir zurück, die tut mir manchmal richtig gut. Sonst werde ich ja gefahren. Das ist einerseits luxuriös, andererseits dann immer auch Arbeitszeit. Ich telefoniere, lese oder schreibe am Laptop. Wenn du selbst fährst, können die Gedanken eher schweifen. Keine Angst – auf den Verkehr habe ich mich schon konzentriert. Jedenfalls fiel mir ein, wie viele Eltern an der Pubertät ihrer Kinder verzagen und wie wenig wir darüber sprechen. Das wird fast wie ein Geheimnis gehütet oder es wird versucht, es zu banalisieren. Ich erinnere mich an zwei Gespräche aus jüngerer Zeit. Bei einem beichtete mir eine Pastorin geradezu, dass sie die Stelle wechseln wolle, weil ihre Tochter in so genannte schlechte Kreise geraten sei, ihr Ruf als eine Art »Discoqueen« so gut wie verdorben sei und sie keine Chance sehe, wie sie am Ort einen Neuanfang machen könnte. Der Ortswechsel hat tatsächlich funktioniert. Die Tochter war einverstanden, offensichtlich geradezu erleichtert. Sie hat am neuen Ort einfach noch einmal in der 10. Klasse angefangen, keiner hat die »Ehrenrunde« bemerkt. Ich dachte erst, die Mutter macht einen Fehler, sie muss da doch durch, einen Weg finden. Aber der Neuanfang war der Weg, offensichtlich für die ganze Familie eine Befreiung.

Und dann vertraute mir ein anderer Theologe in einem Dienstgespräch plötzlich nahezu unter Tränen an, er habe seinen Sohn Marihuana rauchend im Zimmer gefunden. Er sagte: »Ich weiß nicht, wie ich damit umgehen soll! Ich finde keine Worte, ich bin so schockiert, ich weiß nicht ein noch aus.« Er wagt es noch nicht einmal, mit seiner Frau darüber zu sprechen (dabei denke ich fast, dass sie es weiß). So liegt ein entsetzliches Schweigen wie eine Glocke über der ganzen Familie. Wie oft zeigen Familien wohl nach außen glatte Fassaden, während es innen eher brüchig aussieht. Ach ja, auch bei Pfarrersfamilien kann das so sein, das ist mir bewusst. Traurig finde ich das. Einen Ausweg sehe ich nur, wenn wir offen darüber sprechen. Wenn klar wird, dass meine Probleme mit den Kindern doch gar keine so große Ausnahme sind, dann wird die Bedrohlichkeit vielleicht kleiner.

In unserem Esszimmer hängt eine Karikatur – ich weiß gar nicht mehr, wo ich sie ausgeschnitten habe. Jedenfalls liegt ein pubertierendes Mädchen auf dem Sofa und ruft der bügelnden Mutter zu: »Wann krieg' ich mein Taschengeld?« Und die Mutter denkt: »Seit wann wird man auch noch dafür bezahlt, im Hotel zu wohnen?«

Liebe Elke, ich möchte dir eigentlich raten: Gönn' dir selbst etwas Gutes, mach was Schönes. Geh ins Kino oder in die Sauna, hör auf, dauernd zu grübeln und Angst zu haben, das macht alles noch schlimmer. Sandra wird merken, wenn du stark bist und auch frei von ihr – und dann schwindet die dicke Luft zumindest ab und an. Ich hatte immer das Gefühl, mit 16 ist das Schlimmste überstanden. Da sind sie wieder ansprechbarer, vernünftig, da kommt wieder an die Oberfläche, was doch die ganze Zeit auch da war an Fundament, das wir in der Erziehung gelegt haben. Vertrau darauf! Und die Zeit jetzt, die gilt es durchzustehen. Lass sie frei, aber nicht los. Erdrücke sie nicht mit deiner Liebe, versuch, sie nicht dauernd zu kontrollieren. Lass sie wissen, dass du sie liebst und für sie da bist, wenn sie dich braucht – dass du aber auch ein eigenes relevantes Leben hast.

Ja, sicher, ein paar Grundregeln des Zusammenlebens gilt es einzuhalten. Aber wenn ihr Zimmer aussieht wie ein Saustall, dann lass du die Finger davon, solange sie euer gemeinsames Wohnzimmer nicht versaut. Respekt und Grenzen müssen klar sein. Darüber hinaus ist Abgrenzung und Eigenes erlaubt.

Mein Brief ist kein Regelwerk, das gibt es nicht mit Jugendlichen im Haus. Da muss jeder Tag neu bewältigt werden. Eins ist mir nur immer wichtig gewesen und hat mir geholfen: den Humor nicht verlieren und ein eigenes Leben leben. Ich wünsch' dir viel Kraft und Humor. Sei lieb umarmt,

deine Margot

Beten?

Lieber Herr Simon,

über Ihren Brief habe ich mich ganz besonders gefreut. Und zwar vor allem, weil es eher selten ist, dass ein Vater sich in der religiösen Erziehung engagiert. Meistens wird das als Sache der Mutter oder gar der Großmutter angesehen. Warum eigentlich? Weil Religion eine Sache fürs Gefühl sei, nichts für die Starken, die »in der Welt« bestehen müssen? Ein Gedanke in einer Andacht hat mich einmal sehr bewegt. Da ging es um Glauben und die biblische Formulierung: »Der Gott deines Vaters Abraham«. Oder: »der Gott deines Vaters Isaak«. In der Bibel ist es ja offensichtlich so, dass die Nachgeborenen dann wissen, von welchem Gott die Rede ist. Wie wäre das, wenn heute jemand fragte: Wer war der Gott deines Vaters? Wissen die Angesprochenen dann Bescheid? Oder müssen sie sagen: Sorry, aber an wen mein Vater geglaubt hat, davon habe ich keine Ahnung …

Weil es entscheidend ist, dass Kinder davon eine Ahnung haben, finde ich es so wichtig, dass Kinder wissen, woran ihre Eltern glauben – woran auch ihre Väter glauben. Das gehört doch ganz wesentlich dazu, um einen Menschen zu verstehen! Und deshalb ist es gut, wie die Frage Ihres Sohnes nach dem Beten Sie herausfordert. Nun schreiben Sie, Sie selbst hätten das Beten verlernt oder zumindest das Beten in »kirchlicher Form«, wie Sie es nennen. Aber, lieber Herr Simon, es gibt kein kirchlich vorgeschriebenes Beten! Es gibt einen Schatz von Gebeten in der Bibel und der kirchlichen Liturgie. Aber das sind sozusagen Hilfen, Angebote aus der Glaubenserfahrung anderer für die Situationen, in denen ich selbst keine

Worte finde, mit Gott zu reden. Ich habe das oft erlebt, dass am Bett eines schwer kranken alten Menschen, der geistig verwirrt ist, die Worte aus dem 23. Psalm Erinnerungen wachrufen, plötzlich einzelne Worte mit gebetet werden, weil sich tief in der Seele diese Worte eingeprägt haben. Oder das Vaterunser – es ist kein Dogma im Sinne von Zwang, sondern ein Angebot, das Jesus uns selbst auf den Weg gegeben hat, um uns an Gott zu wenden. Auf der ganzen Welt empfinden das Menschen als hilfreich. Und besonders bewegt mich, wenn bei ökumenischen Treffen alle dieses Gebet in ihrer Sprache sprechen. Trotz der vielen Sprachen gibt es einen gemeinsamen Rhythmus, eine Bewegung. Dann weiß ich: Wir sind uns fremd, ich verstehe nicht, was der andere sagt, und doch fühle ich die Gemeinschaft, weil wir dieselben Worte nur in verschiedenen Sprachen sprechen.

Vielleicht überlegen Sie erst einmal, wie Sie selbst beten könnten oder es vielleicht schon, mehr oder weniger bewusst, tun. Was ist Ihnen daran wichtig, was auch Ihrer Frau? Haben Sie regelmäßige Zeiten, zu denen Sie beten, am Abend oder zum Essen? Beten Sie in Angst und Not oder auch in Zeiten von Glück? Für mich ist Beten eine Lebenshaltung gegenüber Gott. Das lerne ich nicht mal eben schnell. Es ist eher wie ein Einüben beim Schwimmen etwa – das verlernt der Mensch nicht, selbst wenn er lange Jahre kein Wasser sieht. Ich verstehe Beten als eine Art Beziehungspflege zu Gott. Das ist ein Kontakt, der zwischendurch, im Alltag, schon einmal abbrechen kann, dahinter aber doch ein vertrauensvolles Gespräch bleibt, das sich einübt. Es gibt sicher Phasen, in denen nur geklagt wird, andere, in denen das Schweigen und das Hören im Vordergrund stehen, andere, in denen Funkstille herrschen mag. Aber Beten ist insgesamt so etwas wie eine Vertrauensbeziehung zu Gott.

Ich finde es ungeheuer wichtig, dass Sie Ihrem Sohn diese Beziehung ermöglichen. Erstaunlich viele Kinder beten, wie wir aus Umfragen wissen. Aber sie lernen es leider immer seltener von ihren Eltern. Im letzten Jahr haben wir in der Landeskirche Kindergebete für ein Buchprojekt gesammelt. Und ich war sehr berührt beim Lesen: wie viele Wünsche, Träume und Hoffnungen, aber auch wie viele Ängste und Nöte Kinder Gott anvertrauen. Da schreibt zum Beispiel Amelie: »Lieber Gott im Himmel! Ich danke dir für die vielen Blumen, auch für den blauen Himmel, für die ganzen Gräser und den Duft von der Natur. Ich möchte, dass die Umweltverschmutzung aufhört. Amen«. Christina und Charline: »Lieber Gott, hilf uns beim Impfen. Gib uns Mut, dass der Piekser nicht wehtut«. Imke: »Danke, dass ich einen Schutzengel habe. Er hält mich in der Hand«. Ein ungenanntes Kind: »Lieber Gott: Alle im Haus sind ganz traurig – ich auch. Ich möchte am liebsten die Augen zumachen und nichts mehr wissen von aller Traurigkeit. Aber ich weiß, das geht nicht. Hilf mir. Amen«.

Als ich die vielen Gebete gelesen habe, die in Grundschulen und Kindertagesstätten gesammelt wurden, wurde mir noch einmal neu bewusst, dass es für Kinder elementar wichtig ist, diesen Zugang zu Gott kennen zu lernen. Und es ist für sie ganz gewiss von großer Bedeutung zu wissen, dass ihre Eltern beten. Nein, Ihre Zweifel müssen Sie nicht verbergen, das würde Ihr Sohn auch ganz schnell merken. Aber wenn wir unseren Kindern ausschließlich Zweifel zumuten, lassen wir sie auch sehr allein. Es gibt ja Zeiten, in denen sie ihre Geheimnisse, ihren Kummer, ihr Glück den Eltern und auch anderen nicht anvertrauen wollen oder können. Was für ein Segen, wenn sie dann wissen, dass sie sich in jeder Lebenslage an Gott wenden dürfen!

Das ist ja schließlich auch für Erwachsene ein Segen. Auch in einem Buch mit Geschichten und Gedichten zur Organspende, das ich kürzlich in der Hand hatte, finden sich erstaunlich viele Gebete. Keines davon ist vorformuliert, sie sind ganz offensichtlich in der Situation entstanden. Da schreibt die 12-jährige Daniela ein Dankgebet:

»Lieber Gott,
ich danke dir,
dass du bei mir warst
und auch bei meinen Eltern und Großeltern,
bei allen Kranken,
die durch die Finsternis gegangen sind.
Du hast uns geleuchtet
Wie ein Licht in der Nacht.
Vater im Himmel,
für meine allerbeste Freundin Daniela,
die nach ihrer Lebertransplantation gestorben ist,
bitte ich dich,
gib ihr im Himmel einen besonderen Platz,
und dass es ihr bei dir immer gut geht.
Ich glaube, du wirst sie immer beschützen.
Mein unbekannter Spender,
ich kenne dich nicht,
aber der liebe Gott weiß,
was du für mich bedeutest.
Amen.«

Lieber Herr Simon, ich möchte Ihnen Mut machen, sich selbst ins Gebet einzuüben. Ich bete manchmal an den unpassendsten Orten. Beim Joggen zum Beispiel – ich weiß wohl, das mögen viele nicht hören, weil sie es nicht pietätvoll finden. Aber da habe ich Zeit, mit Gott vieles zu besprechen und niemand stört uns. Auch bevor ich auf die Kanzel steige beispielsweise, stelle ich mich kurz vor den Altar und dann bete ich: Jetzt gib du, dass die Predigt, die ich vorbereitet habe, auch ankommt bei den Menschen, dass ich die rechten Worte habe oder finde, den richtigen Ton treffe, der berührt. Beten ist das

Gespräch mit Gott, das mir wichtig ist in guten und in schlechten Tagen. Im Gebet kann sich manches klären, zu manchem gewinne ich auch den nötigen Abstand.

Außerdem habe ich erlebt, was es heißt, für andere zu beten. Es berührt mich immer wieder, wenn ich höre, dass ich in einem Kloster meiner Landeskirche oder einer Gemeinde oder von einem Menschen ganz persönlich in das Fürbittengebet eingeschlossen werde. Das gibt mir eine besondere Kraft, da fühle ich mich getragen und gehalten. Und das gilt auch in die andere Richtung. Als ein guter Freund zur ersten Krebsbehandlung ins Krankenhaus musste, habe ich mit ihm telefoniert. Über Glaubensfragen hatten wir nie so direkt gesprochen. Aber es war mir doch wichtig, dass ich zum Schluss gesagt habe: »Ich werde für dich beten.« Später hat mir seine Frau erzählt, er wäre enttäuscht gewesen, wenn ich das nicht gesagt hätte. Vielleicht sprechen wir ach so aufgeklärten und sachlichen Menschen zu wenig über das Gebet?

Für Ihren Sohn ist es sicher gut, zunächst Gebetsrituale und feste Gebetsformen kennen zu lernen. Das Tischgebet ist mir zum Beispiel wichtig. Dass es am Sonntagmorgen ein besonderes Gebet zum Frühstück gibt, das hat mir schon als Kind etwas bedeutet und das habe ich meinen Kindern weitergegeben. Aber dann ist es auch wichtig zu wissen, ich kann mit Gott ganz frei sprechen. Jemand hat mir ein Gebetbuch zugeschickt mit dem Titel »Lieber Gott, ich rede mit dir … wie mir der Schnabel gewachsen ist«. Das hört sich fast wie eine Drohung an, meint aber wohl: Ich finde meine Worte, meinen Ausdruck – Gott wird mich schon verstehen.

Oft denke ich an einen Satz, den Philip Potter, ehemaliger Generalsekretär des Ökumenischen Rates der Kirchen, der aus Jamaika stammt, einmal an einem offenen Feuer in Kenia gesagt hat: »Die Sprache der Zukunft in der Theologie wird die Sprache der Poesie sein.« So ungefähr hat er das ausgedrückt.

Mir ist das lange nachgegangen. Beten und Poesie – da gibt es ja durchaus einen Zusammenhang. Und wenn ich die Bibel nicht mitnehmen dürfte auf jene berühmte einsame Insel, dann wäre es wohl ein Gedichtband. Hartmut von Hentig etwa hat viele wunderbar versammelt in »Meine Deutschen Gedichte«. Oder Mascha Kaléko – sie ist meine Lieblingsdichterin. Nachdem ich das einmal öffentlich gesagt hatte, hat mir eine ältere Dame einen dicken Briefumschlag bei einer Veranstaltung überreicht. Ich habe den Umschlag verloren und konnte mich deshalb nie bedanken. Aber ich halte den Band in hohen Ehren. Es sind die »Verse für Zeitgenossen«, erschienen 1945, handsigniert von Mascha Kaléko in New York 1948 und offensichtlich in Tel Aviv erworben 1979. Was für eine Erinnerung … Mein Lieblingsgedicht von ihr ist wie ein Vertrauenspsalm Davids:

Nachts
Die Nacht,
In der
Das Fürchten
Wohnt
Hat auch
Die Sterne
Und den Mond. *

Von Gott kann ich so reden, wie ein Gedicht Sprache findet, und manches Gebet ist ein Gedicht, manches Gedicht ein Gebet. Gott kommt mir nahe in Versen und Psalmen und Gebeten. Da fällt mir noch ein Gedicht ein, von Rainer Maria Rilke:

* aus: Mascha Kaléko, In meinen Träumen läutet es Sturm, © 1977 Deutscher Taschenbuch Verlag, München.

Du musst das Leben nicht verstehen,
dann wird es werden wie ein Fest.
Und lass dir jeden Tag geschehen
so wie ein Kind im Weitergehen

von jedem Wehen
sich viele Blüten schenken lässt.
Sie aufzusammeln und zu sparen,
das kommt dem Kind nicht in den Sinn.
Es löst sie leise aus den Haaren,
drin sie so gern gefangen waren,
und hält den lieben jungen Jahren
nach neuen seine Haare hin.

Zeit brauchen wir für Poesie im Leben. Zeit, dem Leben nachzusinnen. Zeit für die Rede von Gott, die Tiefe gewinnt. Ja, die Poesie ist wohl eine der Sprachen Gottes. Gedichte und Gebete, sie begleiten uns im Leben, wenn wir uns darauf einlassen. Und dann wird Neues in uns Raum gewinnen, eigene Worte vielleicht, oder auch Stille, Liebe, Raum für Gott.

Lieber Herr Simon, ich denke, es ist ein ganz wichtiger Schritt, dass Sie mit Ihrem Sohn beten und mit ihm über das Beten sprechen. Rituale sind für Kinder wichtig, offene Räume, in denen sie ihre Fragen über Gott und die Welt stellen können und das Vertrauen, sich an Gott wenden zu dürfen. Das ist die vielleicht wichtigste Botschaft von Jesus: Ich kann Gott direkt anreden: »Abba, lieber Vater« (Markus 14,36; Römer 8,15).

Ich wünsche Ihnen Mut und Freude daran, Gebetserfahrungen zu machen, sie mit Ihrem Sohn zu teilen, Ihren Sohn zu begleiten auf dem Weg zu eigenem Gebet!

Ihre
Margot Käßmann

Ende der Freundschaft?

Liebe Christina,

was du mir gestern am Telefon erzählt hast, das tut schon weh. Du sagst, Ingrid habe angerufen und erklärt, du könntest dir die Weihnachtskarte sparen, es sei lächerlich, dass du ihr geschrieben hättest, weil eure Freundschaft doch de facto am Ende sei. Es tut mir leid, dass ich keine Zeit hatte, lange zu reden, weil ich wegmusste. Aber ich habe am Abend doch noch einmal lange über Freundschaft nachgedacht.

Lebenslange Freunde, die sind wohl eher selten. Ich habe einzelne, aber da hält uns auch anderes zusammen, die Patenschaft für die Kinder oder der Beruf. Ich merke mit den Jahren, dass es gar nicht so einfach ist, diese Freundschaften zu »pflegen«, wie es heißt. Wenn die Entfernungen größer werden, werden die Treffen seltener. Dann musst du richtig Zeit einplanen, um einander zu besuchen. Und wenn so ein Besuch unter Zeitdruck stattfindet, ist es gar nicht so einfach, neu anzuknüpfen, aufzuholen und wieder ein normales Maß, einen vertrauten Umgang zu finden.

Im Grunde ist mir das über viele Jahre nur mit drei Frauen gelungen – oder sagen wir »geglückt« oder »geschenkt worden«. Mit einer stehe ich ganz eng in Kontakt, wir telefonieren eigentlich jede Woche. Da ist dann auch die Zeit da, wenn eine die andere braucht, in einer Krise, bei Krankheit oder wenn wir uns über die Kinder austauschen. Das ist sozusagen die »beste Freundin«, die dich in- und auswendig kennt mit allen Fehlern und Schwächen, die über viele Jahre Höhen und Tiefen mit dir geteilt hat und du mit ihr. Die andere sehe ich regelmäßig; wir wohnen in derselben Stadt, unternehmen etwas gemeinsam, und das tut gut. Die dritte lebt in den USA, und seit unsere Kinder älter sind, schaffen wir es tatsächlich, uns einmal im Jahr zu sehen, entweder weil eine dienstlich im Land ist oder erstmals jetzt auch tatsächlich so, nur für uns.

Bei anderen ist es so, dass wir uns aus der Ferne sehen, da gibt es einen Brief zum Geburtstag, einen Anruf, wenn eine in der Stadt der anderen ist. Vielleicht gehen wir dann mal essen oder ins Kino. Und das ist okay so. Ich habe erlebt, dass eigentlich an jedem Ort, an dem ich wohnte, neue Freundschaften entstanden sind. Du lernst Menschen kennen über die Kinder oder über den Beruf und merkst, wir haben die gleiche Wellenlänge, du redest gern mit ihnen. Auch hier in Hannover haben sich so für mich neue Freundschaften entwickelt.

Und schließlich habe ich auch Freundschaften zurückgelassen im Leben, ich denke, das ist normal. Bei einigen entwickelt sich etwas auseinander, die Entfernung wächst, beispielsweise bei Schulfreundinnen. Und bei anderen haben sich solche enormen Differenzen gezeigt, was Grundauffassungen des Lebens betrifft: Die Art, wie wir unsere Kinder erziehen zum Beispiel. Oder auch die Verletzung bei einem Paar, selbst keine Kinder bekommen zu können. Für sie war es einfach schwer, uns immer in diesem Vier-Kinder-Gewusel zu sehen. Ich konnte das gut verstehen – und doch hat die Familiensituation uns so geprägt, dass wir sie ja nicht zurückstellen konnten.

Einmal habe ich es erlebt, dass die innere Distanz wahrnehmbar wuchs. Zunächst fanden wir beide feministische Theologie interessant, aber dann hat die Freundin sich so weit in andere innere Gefilde begeben, von Schwitzhütten über Hexenkulte bis Esoterik – in die konnte ich nicht mitgehen. Und sie hat in mir immer mehr die institutionelle, in ihren Augen unbewegliche Kirche verkörpert gesehen. Dadurch wurden die Gespräche schwierig. Wir konnten Inhalte nicht mehr teilen, eigentlich führte jedes Thema zum Streit. Das tat weh, wir haben es auch nicht wirklich besprechen können, wohl weil wir uns nicht gegenseitig verletzen wollten. Wir haben die Freundschaft sachte einschlafen lassen, in beiderseitigem Einverständnis, denke ich.

Und eine Freundschaft habe ich einmal abrupt abgebrochen. Da hatte sich viel angestaut, ich fühlte mich ständig ausgenutzt, wurde nur angerufen und angesprochen, wenn ich gebraucht wurde als Notnagel. Eines Tages war ich so enttäuscht, dass ich bei einem Telefonat gesagt habe: »Ich will nicht mehr.« Da ist bei mir allerdings viel Enttäuschung zurückgeblieben, das merke ich jetzt noch.

Eigentlich will ich dir mit all dem sagen: Trauere der Freundschaft nach, aber akzeptiere erst einmal ihr Ende. Wenn du ehrlich bist, hat Ingrid so unrecht ja nicht, du hast das doch selbst auch schon gesagt. Weh tut wohl besonders, dass sie es so knallhart sagt. Dass es von ihr ausgeht. Aber das kann, jenseits der Kränkung, die es bedeutet, auch in Ordnung sein, denke ich. Wir sind ja oft auch nicht schonungslos offen – mir fällt es schwer, jemandem zu sagen: Du sagst immer »meine Freundin Margot«, aber ich habe das nie genauso nah empfunden – das würde ich nicht fertigbringen.

Vielleicht kannst du ja mit etwas Abstand noch einmal in Ruhe mit Ingrid sprechen. Nur erzwingen kannst du jetzt gar nichts. Es kann auch krampfhaft werden, Freundschaften aufrechtzuerhalten. Und es kann auch verlogen werden, wenn über die unterschiedlichen Motive nicht gesprochen wird. Hast du von Charlotte Link »Am Ende des Schweigens« gelesen? Das ist so ein richtiger Ferienschmöker, ein Krimi fast. Es geht darin um drei Ehepaare, die eine langjährige Freundschaft verbindet, sie machen mehrmals im Jahr zusammen Urlaub. Und dann bricht in einem Urlaub alles auseinander und es wird deutlich, dass die Freundschaft eigentlich jahrelang nur als Fassade aufrechterhalten wurde und in Wahrheit ein einziger Krampf war. Gehört nicht gerade zur Weltliteratur, ist aber gut zu lesen und durchaus nachdenklich.

Ich bin jedenfalls hin- und her gerissen. Einerseits sollten wir die Freundschaft nicht überhöhen, weil wir sie damit überfordern. Andererseits könnte ich ohne Freunde nicht leben. Wobei mir auffällt: ich meine eigentlich Freundinnen. Männerfreundschaften kann ich nicht richtig beurteilen, das überlasse ich den Männern. Und Freundschaften zwischen Männern und Frauen, die gibt es, aber wenn sie nicht einen kumpelhaften Umgang behalten, ist immer auch eine besondere Spannung da. (Spätestens seit dem Kinofilm »Harry und Sally« wissen wir das ja.) Unter Frauen ist es leichter, finde ich, entspannter, offener. Du kannst Tag und Nacht anrufen, und wenn du wirklich gut befreundet bist, dann kann die andere auch klipp und klar sagen: es passt jetzt echt nicht, ohne dass jemand beleidigt ist. Ich brauche oft so ein Gespräch, wenn ich mich zutiefst geärgert habe (über ein unangenehmes Gerücht oder einen verdreht darstellenden Zeitungsartikel zum Beispiel), wenn ich einen Fehler gemacht habe oder Angst bekomme vor der eigenen Courage.

Wenn ich mir etwa vorstelle, wie ich leben will, wenn ich alt bin, dann denke ich immer: Ich möchte einerseits unabhängig sein, frei leben können, falls ich – hoffentlich!! – gesund bleibe. Aber ich möchte greifbar und in der Nähe Freundinnen haben, bei denen ich schnell mal vorbeischauen kann, mit denen ich einen Gang in die Sauna verabreden, ins Kino oder Essen gehen kann. Ich habe mich einmal vier Tage lang mit drei Freundinnen getroffen. Und das war einfach großartig. Jede hat gemacht, was sie wollte, aber wir haben auch viel zusammen unternommen und hatten einen Riesenspaß miteinander. Das war natürlich eine völlige Ausnahmesituation und ein Luxus auch, ich weiß. Aber es war einfach wunderbar und ich habe es sehr, sehr genossen. Meine älteste Tochter fährt jetzt zusammen mit einer langjährigen Freundin ein Wochenende weg, das hat sie sich zu Weihnachten gewünscht. Und ich habe ihr sehr zugeraten, das ist eine großartige Sache, Zeit haben, reden, spazieren gehen, eine Auszeit vom Alltag, die Körper und Seele gut tut und die Freundschaft vertieft.

Weißt du, toll finde ich, dass in den letzten Jahren in der theologischen Frauenforschung auch so viele biblische Frauenbeziehungen aufgetaucht sind. Die Bibel kennt offensichtlich gar nicht immer nur den großen Gegensatz der bösen und verführbaren Eva und der reinen und lieben Maria. Das haben wir früher einfach so geschluckt. Heute sehen wir viel bewusster zum Beispiel auch Maria und Elisabeth, befreundete Verwandte offensichtlich, die sich in der Schwangerschaft treffen, Zeit miteinander teilen, nicht in Konkurrenz gegeneinander treten. Oder Ruth und Naomi, die über die Generationengrenze hinweg solidarisch miteinander sind. Oder Schifra und Puah, die hebräischen Hebammen in Ägypten, Kolleginnen sozusagen, die subversiven Widerstand gegen den Diktator leisten.

Eigentlich sind das auch Modelle, bei uns diese Konkurrenzen zu überwinden, die oft auftreten: hier die Frau mit Kindern, da die Frau ohne Kinder. Hier die Geschiedene, da die Verheiratete, da die Unverheiratete. Hier die Berufstätige, da die Nicht-Berufstätige. Ich bin inzwischen froh, dass es in meinem Freundinnenkreis ganz unterschiedliche Lebensentwürfe gibt und wir sie nicht dauernd wertend gegenüberstellen müssen, sondern einfach Frauen sind, die eben mit oder ohne Kinder verschieden leben. Das Biografische ist ja bei Frauen auch oft benutzt worden, um sie zu trennen – nicht nur von Männern übrigens, ich finde, da waren Frauen auch oft selbst schuld. Auch dazu gibt es schon in der Bibel Geschichten: die gebärende Hagar, die auf die kinderlose Sarah herabschaut, und Sarah, die sie nach der Geburt vertreibt, in die Wüste schickt. Lea und Rahel mit ihrer Konkurrenz um ihren Mann. Das können wir nicht nur alles den patriarchalen Unterdrückungsstrukturen anlasten. Frauen haben sich auch in die Konkurrenz drängen lassen. Und sie lästern gern übereinander, halten sich selbst für besser, finden an der anderen allerhand auszusetzen, ja, tratschen und ratschen. Das sind nicht die besten Eigenschaften der Frauen; und ich nehme mich da nicht aus … Seufz.

Bei dir ist gerade eine Freundschaft zerbrochen und du leidest daran. Trotzdem: Gräm' dich nicht gar so sehr. Es geht dir ja auch deshalb nahe, weil Freundschaften dir wichtig sind – sonst würde dich das nicht so mitnehmen. Bei Freundschaften ist ja auch Liebe im Spiel – und wenn sie zerbrechen, tut es weh. Das hohe Lied der Freundschaft möchte ich trotz allem singen. Weißt du, gerade als Bischöfin ist mir wichtig, dass da Menschen sind, bei denen ich einfach ich bin, ohne Amt und Schnörkel. Ich versuche so im Berufsalltag ja auch zu sein, aber oft erlebe ich da derart viele Projektionen auf mich und auch Distanz gegenüber dem Amt. Und vielleicht muss das auch so sein; aber ich möchte auch in Jeans und Sweatshirt ins Kino gehen können. Deshalb musste ich neulich so lachen, als wir aus »The Hours« kamen und jemand tuschelte: »Die Bischöfin geht ins Kino.« Da hat eine von euch ja prompt gerufen: »Ja, nun lassen Sie sie doch halt einfach ins Kino gehen …«

Freundinnen nehmen einander auch auf die Schippe, kritisieren einander, lachen und weinen miteinander. Das tut einfach gut, das ist ein richtiges Geschenk Gottes. Keine Angst, es folgt keine Predigt. So viel nur: Schön, dass du da bist!

Auf die Freundschaft also,
deine Margot

Trennung verkraften

Liebe Lisa,

wir kennen uns nun schon viele Jahre, du bist mir so vertraut als Tochter meiner Cousine, so oft haben wir zusammen Urlaub gemacht, miteinander gefeiert, das Theater besucht, lange Abende miteinander geklönt. Deshalb machte es mich wohl auch so zornig, als deine Mutter mir erzählt hat: Dein Mann hat tatsächlich die Scheidung eingereicht. Ich weiß ja, wie du gehofft und wie du gekämpft hast! Nein, verstehen kann ich das auch nicht. Das verschlägt mir einfach die Sprache, wie anmaßend, ja geradezu pubertär er sich verhält. Und jetzt auch noch gleich mit einer »Neuen« an der Hand, Version »zehn-Jahre-jünger«, durchs Dorf zu laufen, das ist einfach der Gipfel der Unverschämtheit. Mir ist unser Telefonat gestern Nacht so richtig auf den Magen geschlagen. Du weißt ja, ich argumentiere immer gegen Gewalt, aber wäre er mir gestern begegnet, hätte ich nicht schlecht Lust gehabt, ihn kräftig durchzuschütteln (wahrscheinlich wäre das schon von der Körpergröße her nicht gutgegangen …).

Ich habe euch beide getraut und sehe euch noch vor mir, so ein glückliches, strahlend schönes Paar! Was ist nur passiert in fünf Jahren? War es zu viel mit den Kindern und dem Haus? Du hast ja schon länger erzählt, dass Max immer öfter lange in der Firma blieb. Oder am Samstag einfach zum Tennis ging, auch wenn du so gehofft hast, er würde dich mit den Kindern einmal entlasten. Nein, Lisa, es stimmt nicht ganz, wenn du sagst, das alles sei aus heiterem Himmel gekommen. Ich wohne ja jetzt nicht mehr so ganz in der Nähe, aber dass eure Beziehung angeknackst war, das war zu erkennen. Deine Mutter hat sich schon länger große Sorgen gemacht, das weiß ich. Doch sie wollte sich nicht zu sehr einmischen. Das war sicher richtig, es ist eure Ehe und nicht ihre; aber heute mache ich mir Vorwürfe, dass wir nicht wenigstens einmal darüber gesprochen haben. Bei den Familienfesten habt ihr die Schwierigkeiten ja immer gut verborgen, da wart ihr das strahlend schöne junge Paar mit den zwei wirklich netten Kindern …

Doch alles Klagen und Grübeln und Jammern, all das »hätte nur« und »wenn doch« hilft angesichts der Tatsache nichts, die er gesetzt hat, und es hilft dir auch nicht, wenn ich einstimme in den Klagegesang. Lisa, du musst jetzt deine Kräfte mobilisieren, um mit den Kindern eine Perspektive zu finden. Wenn du deine ganze Kraft in die Trauer um deine gescheiterte Ehe steckst und dich im Mitleid als unschuldiges Opfer vergräbst, dann schaffst du keinen Ausweg, sondern bleibst als ein Häufchen Elend zurück. Du gehörst dann zu der Kategorie: bedauernswerte verlassene Ehefrau. Nach einem Trennungsjahr hat Max gute Chancen, dass die Scheidung ziemlich schnell über die Bühne geht. Das ist bei Gericht eine Sache von wenigen Minuten. Max ist absolut entschlossen, das sagst du ja selbst. Und da werden deine Aktionen mit Telefonterror oder Beschimpfungen oder Weinkrämpfen ihn eher in seiner Haltung bestärken als ihn zu dir zurückbringen. Und, Lisa, auch wenn du es nicht gerne hörst: Es ist wohl selten, dass die ganze Verantwortung für das Scheitern einer Ehe bei einem der beiden allein liegt. Nur ist es leider in der Regel so, dass die größte Last der Kindererziehung und damit auch das Zurückstellen von Berufstätigkeit und in der Konsequenz der finanzielle Engpass bei den geschiedenen Frauen und ihren Kindern liegen. Nicht umsonst sind fast die Hälfte der allein erziehenden Mütter auf Sozialhilfe angewiesen.

Lass uns jetzt erst einmal ganz praktisch denken: Wie sieht es aus mit dem Haus, den Schulden – wirst du das halten können oder musst du ausziehen? Deine Mutter kennt ja die Rechtsanwältin R. ganz gut, an die solltest du dich schleunigst wenden, damit die Fragen von Unterhalt und so weiter geregelt werden. Es ist auch gut, durch einen Notar möglichst viel vorab zu klären – das ist auch eine Frage der finanziellen Vernunft.

Und wenn du sagst, du verhungerst lieber, als von Max Unterhalt zu nehmen, dann ist das einfach nur dumm und du wirst es ganz schnell bitter bereuen. Du kannst froh sein, dass er so klar sagt, er werde zahlen. 800 000 Väter in Deutschland zahlen keinen Unterhalt, das ist ein Drittel! Und ein weiteres Drittel zahlt nicht vollständig oder unregelmäßig. Insofern sei dankbar, dass er zum letzteren Drittel gehört, das zahlt. Das kannst du in aller Freiheit annehmen, denn du bist fünf Jahre zu Hause geblieben, er konnte seinen Beruf ausüben und Familie haben, rundum versorgt werden. Das ist Jobsharing – das Teilen der anfallenden (Erwerbs- und Familien-)Arbeit –, und du hast ein Recht auf deinen Anteil. Schließlich: Wenn du dich an eine Anwältin wendest, heißt das eben nicht, dass du einverstanden bist mit der Scheidung, sondern dass du dir Rechtsbeistand nimmst in einer Situation, in der dein Mann sich scheiden lassen will. Also, Lisa, sei nicht albern. Wie heißt es so treffend in der Bibel: »Seid klug wie die Schlangen und ohne Falsch wie die Tauben« (Matthäus 10,16).

Ja, und dann musst du mit den Kindern sprechen. Dazu ging mir gestern Nacht, als ich über unser Telefonat nachdachte, noch zweierlei durch den Kopf. Zuerst: Versuch, es ihnen kindgerecht zu sagen. Sie können das nicht alles erfassen, sie werden Angst bekommen, weil alle Kinder sich doch wünschen, dass ihr Papa und ihre Mama zusammen und bei ihnen sind. Sie werden spüren, wie unruhig und voller Zukunftsangst du selber bist, aber vielleicht kannst du versuchen, ein wenig Zuversicht auszustrahlen. Sie brauchen dich als eine Art

Fels in der Brandung, in der sie sich unweigerlich wiederfinden werden – besonders, falls ihr auch noch umziehen müsst. Und außerdem: Max bleibt ihr Vater. Mach bitte nicht wie so viele den Fehler, ihn vor ihnen schlecht zu machen. Ihr als Paar habt Probleme miteinander, Max beendet eure Beziehung, aber doch (hoffentlich!) nicht die Beziehung zu seinen Kindern. Es ist für die Kinder ganz unschätzbar wichtig, dass ihr eure Beziehungsprobleme nicht über sie austragt, dass ihr das auseinanderhaltet. Mir ist schon klar, dass das schwer ist, wo doch die Verletzung so groß ist. Aber wenn du deinem Zorn auf ihn Luft machen willst, ruf mich an, sprich mit Freundinnen, aber mach dir ganz klar: Deine Kinder sind nicht deine besten Freunde oder Verbündeten, sondern deine Kinder; und eben auch seine. Das wird so bleiben, ihr Leben lang. Er ist ihr Vater.

Mir scheint es so, als schafft ihr es nicht, jetzt beide gemeinsam mit den Kindern zu reden. Das Beste wäre es, aber schlimmer als getrenntes Reden wäre wohl ein offener Kampf vor den Kindern. Dass Erwachsene sich trennen und streiten, damit müssen sie fertig werden. Aber die Kinder können nichts dafür, sie können auch nichts ändern, sie sind ausgeliefert, das finde ich für die beiden schon hart. Also: Sei ehrlich und offen mit ihnen, aber mute ihnen nur so viel zu, wie sie verkraften können. Das einzig Gute an den vielen Scheidungen heute ist ja, dass das einzelne Scheidungskind nicht mehr diskriminiert wird. Darüber kann offen geredet werden, im Kindergarten, in der Schule, das muss nicht verheimlicht werden. Es gibt auch gute Bilderbücher zum Thema, und das kann durchaus helfen, weil die Kinder wissen: Das passiert woanders auch, es ist schlimm, aber nicht das Ende der Welt, es gibt einen Weg darüber hinaus. Mit der Erzieherin im Kindergarten hast du sicher geredet, oder?

Die Kraft für das alles, wie kannst du die überhaupt finden?

Mein Tipp sind ja immer wieder lange Spaziergänge, bei denen der Mensch weinen, Bäume anschauen und singen kann, ohne dass jemand zuhört. Das habe ich früher oft getan, und da freue ich mich, wieder einen Hund zu haben, auch wenn er nicht mehr der Jüngste und nicht immer zum Laufen aufgelegt ist ... Vor allem aber ist es wichtig, mit Freundinnen und Freunden zu sprechen, sich bei ihnen auch einmal auszuheulen und trösten zu lassen. Und manchmal, da können sie ja nicht nur raten, sondern uns auch vor Dummheiten bewahren.

Ach Lisa, jetzt gebe ich dir nur lauter praktische Ratschläge und Ermahnungen. Aber ich denke, es ist jetzt das Wichtigste, dass du keine falschen Weichen stellst aus lauter Kummer und Enttäuschung. Meine Erfahrung jedenfalls ist, dass in einer Krise viel davon abhängt, die Dinge in der richtigen Reihenfolge zu bewältigen: *First things first.* Nur so kann ich jedenfalls Situationen bewältigen, in denen es auch ein Chaos der Gefühle gibt neben all den Sachzwängen. Wie formuliert es der Prediger so unnachahmlich: Alles hat seine Zeit. »Weinen hat seine Zeit, lachen hat seine Zeit, klagen hat seine Zeit, tanzen hat seine Zeit ...« (Prediger 3,4). Und so denke ich, du darfst jetzt einfach nicht ganz in Trauer und Verzweiflung versinken, sondern musst erst einmal regeln, was zu regeln ist, damit es für dich und die Kinder eine gewisse Sicherheit und Perspektive gibt.

Am liebsten würde ich dich einfach in den Arm nehmen, um dich zu trösten. Wie wäre es, wenn du mal ein paar Tage herkommst! Ich muss zwar arbeiten, aber die Kinder sind doch gern bei uns und wir zwei könnten zumindest einmal essen gehen, spazieren gehen, dabei reden, oder in die Sauna, ins Kino und du lässt alles wenigstens für kurze Zeit von dir abfallen. Lisa, es gibt ein Leben nach der Scheidung. Du wirst nächstes Jahr erst 30! Nimm es in die Hand, schaff dir für dein

Leben neue Ziele. Du hast doch zum Glück eine hervorragende Berufsausbildung. Und es hat dir ja auch immer Spaß gemacht, wenn du dich gefordert gesehen hast. Vielleicht gibt es ja eine Möglichkeit, wieder berufstätig zu werden, halbtags, wenn die Kinder in der Kita sind. Dann baust du dir eigene neue Zusammenhänge auf und auch ein erneuertes Selbstbewusstsein. Denn das wirst du brauchen und auch viel Kraft, um die Kinder zu erziehen.

Ach, ich kann es mir nicht verkneifen, dir doch noch einen Rat zu geben. Sag nicht so kategorisch, Max kriege die Kinder nie für ein Wochenende. Zum einen noch einmal: Er ist ihr Vater. Zum anderen: Das gemeinsame Sorgerecht ist heute geltendes Recht in Deutschland, du kannst ihm die Kinder gar nicht entziehen. Und schließlich gibt es ganz legitime egoistische Gründe: Du wirst Zeiten für dich brauchen, in denen du Kräfte sammelst für deine Aufgaben als Mutter. Und da kann ein Wochenende allein sehr gut tun. Danach hast du dann auch neue Energien für die Kinder, die werden spüren, wenn du auch etwas für dich tust.

So grausam es jetzt klingt und so schwer vorstellbar es ist, eine Perspektive zu entwickeln, wenn das Leben, wie du es bisher geführt hast, in die Brüche gegangen ist: Es geht weiter, das Leben. Schmerz und Trennung gehören zu den großen Lebenserfahrungen dazu, und Trauerarbeit ist wahrhaftig das richtige Wort für das, was zu tun ist … Wenn wir uns damit abmühen, sie zu bewältigen, dann sind solche Erfahrungen eines Tages wie ein Jahresring im Baumstamm, eine Falte in unserem Gesicht vielleicht, eine Erinnerung, die innerlich und äußerlich zu uns gehört. Eine vielleicht, die noch schmerzt, oder eine, die wir mit Wehmut ansehen. Aber der Hass, von dem du jetzt sprichst, liebe Lisa, Hass verändert den Menschen. Der kann ein Gesicht zur Fratze werden lassen. Der zieht nicht nur eine Furche durchs Gesicht, der wird zum andauernden Schatten auf der Seele, mit dem wir nicht mehr umgehen können. Hass zerstört Leben, dein eigenes zuallererst. Dagegen solltest du ankämpfen. Wut, Trauer, Zorn, Ärger, Verletztheit, Selbstmitleid, Verzweiflung: Deine Gefühle brauchen Raum. Manchmal kannst du nur stillhalten und warten. Aber lass es nicht zu schwarz werden in dir und um dich. Es gibt kleine Dinge, die helfen: sich körperlich etwas Gutes tun, Sport treiben oder sich etwas Schönes gönnen. Lass dir von anderen dabei helfen. Auch wenn ich es selten sage, jetzt meine ich es: Sei egoistisch! Denk an dich, deine Zukunft, deine Kinder, und lass dich nicht auffressen von Eifersucht und Wut. Vielleicht kannst du auch daran denken, dass es glückliche Zeiten für Max und dich gab. Die bleiben dir über das Scheitern der Beziehung hinaus. Gefühle sind wichtig, wir müssen Gefühle auch zulassen, aber sie dürfen uns nicht so völlig überwältigen, dass unser Leben aus dem Ruder gerät, dass wir auf hoher See ganz dem Sturm überlassen sind. Ein bisschen Navigationskraft gilt es zu behalten.

Weißt du, es ist gut, dass wir eine so große Familie sind. Deine Eltern werden dir helfen, deine Geschwister und wir anderen im größeren Umkreis auch. In Familien ist es ja so, dass die Einzelnen sich mal näher und mal ferner sind. Aber meine Erfahrung ist immer wieder: Wenn's drauf ankommt, sind alle füreinander da. Und wir sind für dich da, darauf kannst du dich in all der Unsicherheit jetzt verlassen. Nicht verzagen!

Alles Liebe,
deine Margot

Wenn die Kinder eigene Wege gehen

Lieber Herr Siebert,

das ist Ihrem Brief schon anzumerken, wie zornig Sie auf Ihren Sohn sind! Er trifft Entscheidungen, die Sie falsch finden – er will nicht in der Firma anfangen, sondern geht einfach für ein Jahr nach Frankreich. Will da auf einem Bauernhof leben, beim ökologischen Landbau helfen, und dann will er mal sehen. Keine Lebensplanung, weggeworfene Zeit, sagen Sie. Dabei war Ihnen doch ganz klar, wie die Sache ablaufen muss. Und er macht nun einfach nicht mit. Das regt Sie auf. Als er dann letztes Wochenende seine neue Freundin mitgebracht hat und diese türkischer Abstammung ist, zudem gläubige Muslima, da sind Sie ausgerastet. Das schlägt dem Fass den Boden aus, finden Sie, und da müsse nun jemand einschreiten.

Zunächst einmal will ich Ihnen zurufen: Ganz ruhig bleiben!! Lieber Herr Siebert, ich werde ganz gewiss nicht mit Ihrem Sohn darüber sprechen. Er ist ein erwachsener Mann, machen Sie sich das eigentlich klar? Mit 23 ist der Mensch kein Jugendlicher mehr – ich selbst war mit 23 schon Mutter. Sie haben mir sehr freimütig geschrieben, deshalb will ich es wagen, ebenso offen zurückzuschreiben. So, wie ich Sie kennen gelernt habe, ist Ihnen Kontrolle sehr wichtig. Das gilt sicher zuallererst beruflich. Sie erscheinen bei Empfängen oder offiziellen Gesprächen als jemand, der sein Leben, seine Firma, seine Familie im Griff hat, da gibt es keine Lücken oder Mängel oder Probleme. Nicht, dass mir das unsympathisch wäre, ich kann mit Chaos weniger gut umgehen als mit Ordnung und bin durchaus auch ein Mensch, der gern plant. Aber die Frage ist, ob ein Mensch auch loslassen kann. Ob die Ordnung wichtiger wird als der Inhalt, der Beruf wichtiger als das Leben, das Ansehen wichtiger als die Person, die Fassade wichtiger als die Wahrheit.

Ich bin keine Psychotherapeutin, die Ihnen jetzt etwas über tiefere Gründe Ihres Zorns und Ihrer Ängste sagen kann. Sie haben mich ja bewusst als Seelsorgerin angeschrieben. Ein wenig habe ich allerdings den Eindruck, dass Sie mich benutzen wollen, um Ihren Sohn »zurechtzustutzen«, wie Sie schreiben. Als Erstes würde ich Ihnen raten: Gehen Sie doch einmal einen Schritt zurück und schauen Sie sich von außen an. Wie war das, als Sie 23 waren? Hatten Sie da nicht auch Lust auf Freiheit? Gut, Sie sagen, Sie hätten sich immer in den Dienst der Firma gestellt, das Erbe angetreten, Verantwortung für die Tradition der Familie gezeigt. Aber Ihr Sohn ist doch nicht verantwortungslos, nur weil er nicht nahtlos in Ihre Fußstapfen tritt. Ich habe ihn die beiden Male, die ich ihn gesehen habe, als sehr sympathischen jungen Mann kennen gelernt. Nachdenklich ist er und fragt, wie es mit der Welt weitergeht. Deshalb wollte er ja auch nach dem Abitur ein freiwilliges ökologisches Jahr machen und hat es nur aufgrund Ihres Drängens gelassen. Ehrlich gesagt denke ich, es war ein Fehler, ihn davon abzuhalten. Das wäre eine gute Zeit für ihn gewesen, ein bisschen Abstand zu gewinnen, zu überlegen, wo er hin will im Leben.

Ich fürchte, unser Gespräch wird schwierig, Herr Siebert. Sie werden schon jetzt denken, ich sei zu liberal, verstünde Ihren Ausgangspunkt nicht. Und ich habe den Eindruck, Sie seien zu stur, unbeweglich, wollten andere beherrschen. Es wäre allerdings schade, wenn unser Dialog so endet. Eigentlich sind Sie mir nämlich wirklich sympathisch und Sie hätten mir wohl kaum geschrieben, wenn Sie nicht auch hören wollten, was ich dazu meine. Also sage ich Ihnen, was ich denke, auch auf die Gefahr hin, dass Sie wütend werden. Ich finde, Sie kämpfen zu viel. Ja, das habe ich schon verstanden, Sie müssen sich in der Welt der Wirtschaft behaupten. Aber muss es wirklich so sein, dass das Leben ein einziger Kampf ist? Was, wenn Sie plötzlich erkranken? Mir persönlich steht das immer vor Augen: Du könntest morgen sterben, bei einem Autounfall. Wenn von heute auf morgen eine unheilbare Krankheit diagnostiziert wird – hast du dann dein Haus bestellt?

Wir leben doch in einer wirklich privilegierten Situation, Sie und ich. Wir haben keine Angst um den Arbeitsplatz, wir haben Familie, wir haben zu essen und zu trinken, ein Zuhause, einen Arzt, den wir aufsuchen können. Das machen wir uns so oft gar nicht bewusst. Und wenn Sie schreiben, Sie hätten das alles selbst aufgebaut, dann stimmt das doch so einfach auch nicht. Ja, Sie haben viel Zeit, Energie, Liebe, Engagement investiert. Aber Gott hat Ihnen auch unendlich viel geschenkt. Ich habe in Bolivien Bauern kennen gelernt, die haben auch ihr Leben lang geschuftet und gerade mal genug Kartoffeln geerntet, um ihre Kinder am Leben zu halten. Oder nehmen wir einen Unternehmer in Argentinien, der wie Sie alles aufgebaut hat, alles gegeben hat für die eigene Firma, und dann kommt eine Wirtschaftskrise und alles, alles geht verloren. Oder denken wir an erfolgreiche jüdische Unternehmer in Deutschland, die nach der Reichspogromnacht und ihren Folgen von einem brutalen Terrorregime einfach gnadenlos gezwungen wurden, ihr gesamtes Unternehmen, alles Vermögen billig zu überschreiben. Oder an einen iranischen Geschäftsmann, der gerade mit allem Ersparten in Bam ein Hotel aufgebaut hat und dann zerstört ein Erdbeben in Sekunden seine gesamte Existenz. Kurzum: Sie haben viel geleistet, ganz sicher; aber Sie hatten auch viel Glück oder viel Gnade, viel Unverdientes jedenfalls.

Wie würden Sie mit Scheitern umgehen, haben Sie darüber je nachgedacht? Was, wenn das Burnout-Syndrom Sie erwischt? Angeblich sind ja gerade Manager betroffen, die keinen Rhythmus von Schaffen und Ruhe mehr haben. Die sind so ausgebrannt, so leer, dass plötzlich von heute auf morgen nichts mehr geht. Was wäre eigentlich, wenn Sie scheitern? Haben Sie je darüber nachgedacht, dass etwas schiefgehen könnte?

Nein, fatalistisch bin ich nicht. Aber das biblische Wort aus Psalm 143 »Lehre mich tun nach deinem Wohlgefallen, denn du bist mein Gott«, das bewegt mich doch oft. Es stellt das eigene Leben, die Entscheidungen, die zu treffen sind, vermeintliche Zwänge, Druck und Angst in einen anderen Horizont, finde ich.

Manchmal treffe ich Menschen, die ganz plötzlich meinen, ausbrechen zu müssen. Und dann fliehen sie in eine neue Ehe, in ein fernes Land, eine andere Arbeitsstelle und versuchen, ganz neu anzufangen. (Das ist gerade bei Männern oft der Fall. Ein bisschen erinnert mich das immer an Abraham, der im hohen Lebensalter noch einmal etwas ganz Neues beginnen will. Gewiss, auf Gottes Weisung, heißt es in der Bibel. Aber so manches Mal werden auch Gründe konstruiert ...) Und dann erlebe ich den Mann Jahre später: neuer Job, oft auch neue Familie, vielleicht noch einmal Vater geworden mit einer jüngeren Frau, jetzt angeblich alles viel intensiver erlebt. Und ich frage mich, ehrlich gesagt: Wovor ist er weggelaufen? Musste er flüchten in lauter neue Projekte, weil er der Vergänglichkeit nicht standhalten konnte? Dem Gedanken daran, dass es einfach immer so weitergeht? Weil er Angst vor der Sinnlosigkeit hatte? Es gehört nämlich viel Mut dazu, sich der Frage nach dem Sinn zu stellen. Da muss ich mich mit mir selbst in der ganzen Tiefe und auch mit der Gottesfrage auseinandersetzen. Mich konfrontieren mit meinem Leben. Aber wer das wagt, gewinnt nun wahrhaftig Lebenstiefe, wird dankbar für die kleinen Dinge, beginnt, glaube ich, erst wirklich zu leben. Und gewinnt Freiheit von all den Dingen, die vor allem akzeptabel, vorzeigbar sind, die als Statussymbol wirken – wie eine florierende Firma, ein prall gefülltes Konto, die Mitgliedschaft im Golfklub, die perfekte Ehe, eine tolle Frau, ein idealer Sohn. Erst, wenn wir uns mit der Sinnfrage konfrontiert haben, werden wir wirklich unabhängig von dem, was andere für wichtig halten. Erst dann leben wir in der Tiefe.

Ach, alles, was ich sagen will, ist doch: Lassen Sie Ihren Sohn frei. Er wird seinen Weg gehen, er ist ein prima Kerl und ein erwachsener Mann zugleich. Ich fürchte: Wenn Sie ihn jetzt derart zwingen wollen, werden Sie ihn verlieren. Wie schön wäre es, wenn Sie sich interessieren für seine Motive, nach Frankreich gehen zu wollen. Gehen Sie mit ihm essen, hören Sie zu, fragen Sie nach, freuen Sie sich an ihm und seiner Energie. Er hat Ziele, er hat Ideale. Lieber Herr Siebert, lassen Sie los. Sie müssen nicht immerzu kämpfen, sich durchsetzen. Manchmal müssen wir nicht alles »machen«; manchmal ist es besser, geschehen zu lassen. Freuen Sie sich am Leben, an dem vielen, was Sie haben. Seien Sie dankbar. So wenig ist wirklich selbstverständlich.

Und was die Freundin Ihres Sohnes betrifft: Das ist sicher nicht einfach, eine Beziehung über kulturelle Grenzen und auch unterschiedliche religiöse Überzeugungen hinweg zu führen. Aber es kann auch intensiv und wichtig sein, sich miteinander über solche Fragen zu verständigen. Im Dialog mit anderen Religionen ist es ja gerade entscheidend, den eigenen Standpunkt zu kennen. So führt diese Beziehung ja bei Ihrem Sohn vielleicht auch zu einer Auseinandersetzung mit seinem eigenen Glauben. Ich denke, dabei können beide Respekt vor der Religion des anderen lernen. Wenn Sie erwähnen, dass ich dagegen bin, dass Lehrerinnen im öffentlichen Dienst beim Unterrichten das Kopftuch tragen, dann heißt das eben nicht, dass ich etwas gegen Muslime hätte! Nein, es geht mir um das in der Schule vermittelte Menschenbild. Und ich weiß von muslimischen Frauen, die sich gezwungen fühlen, das Kopftuch zu tragen, und zwar gerade da, wo die Gleichheit von Mann und Frau nicht akzeptiert wird. Die Freundin Ihres Sohnes scheint aber nach dem, was Sie schildern, eine sehr aufgeschlossene junge Frau zu sein, die sich im gesellschaftlichen Kontext hier völlig integriert hat, aber doch auch ihre eigene Herkunft kennt und pflegt. Das ist gut, finde ich. Wir finden es doch auch richtig, dass Deutschstämmige in Namibia oder Argentinien ihre Heimat nicht vergessen oder verleugnen.

Lieber Herr Siebert, machen Sie nicht so ein Drama daraus, sondern freuen Sie sich daran, dass Ihr Sohn eine so nette junge Frau an seiner Seite hat.

Zu viele Appelle an Sie? Vielleicht. Aber es geht doch auch um Glücklichsein, um Dankbarkeit, um das Leben, das gelebt werden will. Wie wäre es mit einer Einübung in Gelassenheit, einem Ja zur Liebe zu Ihrem Sohn, das unabhängig ist von dem, was er tut, das nicht alles gleich nach Ihren Maßstäben beurteilt. Wenn ich Sie richtig verstanden habe, ist das doch auch das, was Ihre Frau sich erhofft.

Ich wünsche Ihnen, dass Sie loslassen können! Seien Sie offen für das, was Ihr Sohn eröffnet. Wagen Sie mal etwas Neues. Eine Öko-Farm in Frankreich, das kennen Sie nun garantiert nicht. Und vielleicht machen Sie dann nächstes Mal eben Urlaub auf dem Lande, schnuppern Landluft. Nein, das ist nicht nur naiv. Ihr Sohn hat mit der Umweltfrage ein sehr ernsthaftes Thema zu seinem gemacht. Die Wirtschaft redet doch auch immer wieder von Nachhaltigkeit. Seien Sie stolz auf Ihren Sohn, auch wenn er andere Wege geht als die, die Sie sich vorgestellt haben!

Ach, ich weiß nicht, wie Sie diesen Brief aufnehmen werden. Ich habe spontan geschrieben und hoffe, Sie nehmen es mir nicht übel. Ich wünsche Ihnen Freiheitsgefühle, Lebenslust, Freigabe,

Ihre
Margot Käßmann

Pflege aufgeben

Liebe Frau Feldkamp,

unsere kurze Begegnung vor der Marktkirchenbuchhandlung geht mir immer noch nach. Das habe ich in meiner Predigt wirklich nicht so gemeint, wie es Sie getroffen hat. Ich habe noch einmal nachgelesen. Was ich gesagt habe am 19.11. war Folgendes: »Was für eine Versuchung! Mich abschotten gegen andere, einfach nicht hinsehen, nicht hinhören. Ehe beenden, Kinder fortschicken, Großmutter ins Altenheim, Bruder in die Pflege. – Das wäre eine Umkehr: Ausbrechen aus dem Teufelskreis der Abgrenzung. Eintreten in den Lebenskreis von Berührbarkeit. Aus der Lebenswüste von Egomanie in die blühende Landschaft von Zärtlichkeit und Zugneigung. Brot der Liebe statt Steine der Isolation und der Einsamkeit.« Es ging da am Buß- und Bettag ja um die Geschichte, in der Jesus versucht wird (Matthäus 4, 1–11). Und ich habe schon den Eindruck, es ist heute in der Tat für viele eine Versuchung, all unsere Verantwortung für andere einfach abzuwerfen.

Sie haben sich von dieser Passage getroffen gefühlt, weil Sie die Pflege Ihrer Mutter nicht mehr leisten konnten, keine Kraft mehr dazu hatten, und sich jetzt unter Rechfertigungsdruck fühlen bei Freunden und Verwandten und offensichtlich auch vor sich selbst. Zunächst kann ich dieses Gefühl nachempfinden. Bei manchen Problemen rechtfertige ich mich schon, bevor andere überhaupt infrage stellen, was ich tue. Das ging mir einmal so, als ich langwierig erklärte, dass meine Kinder nicht unter meiner Berufstätigkeit leiden. Und mein Gegenüber sagte mir: »Ich stamme aus der DDR. Ich habe überhaupt kein Problem damit, dass Sie berufstätig sind, ich weiß gar nicht, warum Sie jetzt darüber reden.« Es ist einfach so: Die Frage geht Ihnen nach, Sie fragen sich, ob Sie richtig gehandelt haben.

Mir ist sehr bewusst, dass entgegen landläufiger Vorurteile noch immer die meisten Angehörigen zu Hause gepflegt werden, und zwar fast ausschließlich von Frauen. Unsere Gesellschaft setzt letzten Endes immer noch darauf, dass die Töchter oder die Schwiegertöchter diese Aufgabe übernehmen. Oft habe ich auch erlebt, dass Frauen froh waren, wenn die Kinder endlich unabhängig ihr Leben führten – dass dann aber keine Freiheit zur persönlichen Lebensgestaltung kam, sondern die Pflege der Eltern oder Schwiegereltern. Und als sie, manchmal nach Jahren, in denen sie rund um die Uhr jemanden brauchten, gestorben waren, waren Enkelkinder da, bei deren Betreuung Hilfe selbstverständlich erwartet wurde. Ja, das kann überfordern, das kann zu viel sein, eine Zumutung.

Darum denke ich vor allem, Sie sollten sich freimachen vom Rechtfertigungsdruck. Sie haben eine Entscheidung getroffen und die ist legitim. Sie haben das, so gut es ging, mit Ihrer Mutter besprochen, ob sie es wirklich wahrgenommen hat, wissen wir nicht. Aber ich finde, diese Freiheit hat doch auch etwas Positives für das Verhältnis der Generationen. Ich habe bei meiner Mutter erlebt, was es hieß, erst meinen Vater, dann meine Großmutter, eine Tante und schließlich einen guten Bekannten zu betreuen. Bei Großmutter und Tante hat sie schließlich eingewilligt, dass sie die allerletzte Phase im Altenheim verbrachten, weil sie die Pflegearbeit schlicht körperlich nicht mehr leisten konnte. Das ist in Ordnung, manchmal vielleicht notwendig, weil bei den Pflegenden neben dem Wunsch, es dem anderen recht zu machen und für ihn da zu sein, bei aller Anstrengung und Erschöpfung auch Aggression auf ihn, der das eigene Leben so bestimmt und so einschränkt, viel Raum einnehmen kann.

Es ist gut, wenn die Frage der Pflege rechtzeitig besprochen werden kann. Traurig ist doch, Geschichten zu hören von Enterbungsdrohungen, die im Raum stehen, ohne vielleicht ausgesprochen zu werden – nach dem Motto: »Wer mich pflegt, kriegt das Haus«. Wer will denn von jemandem gepflegt werden, der nur auf das Erbe wartet? Ich bin meiner eigenen Mutter sehr dankbar, dass sie immer gesagt hat, sie möchte sich so lange wie möglich selbst versorgen, aber falls es um Rundum-Pflege geht, will sie nicht bei ihren Töchtern wohnen, die Belastung wäre zu groß. Sie hat nach dem Tod meines Vaters als Gemeindeschwester gearbeitet und genügend Generationenkonflikte rund um die Pflege hautnah erlebt. Das möchte sie sich selbst und ihren Kindern ersparen – und wir sind ihr dankbar dafür, dass sie das so klar geregelt hat. Als Gemeindepfarrerin habe ich übrigens auch selbst gesehen, dass Pflege zu Hause überhaupt nicht immer die beste Pflege ist. Da gibt es Vernachlässigung und auch Gewalt – Themen, die eher tabuisiert werden …

Es geht sicher darum, die so oft verdrängten Frage miteinander zu besprechen. Manchen fällt das sehr schwer, ich weiß. Aber besser zu früh als zu spät, das sollten wir alle uns klarmachen. Es kann uns alle morgen treffen. Da gilt es vorzusorgen. Ich denke einerseits an ein Gespräch, in dem wir mit unseren Angehörigen klären, was wir wollen, was sie wollen und welche Konstellationen denkbar sind. Das kann später sehr entlasten. Ich denke aber auch an eine Patientenverfügung, die klärt, welche medizinischen, lebensverlängernden Maßnahmen ein Mensch will und welche nicht. Ich habe auch eine unterschrieben, die beide großen Kirchen in Deutschland gemeinsam herausgegeben haben, weil ich definitiv nicht künstlich am Leben erhalten werden will. Das wäre für mich wie ein Ausweichen vor der Realität des Todes und ich will es auch meiner Familie nicht als Last auferlegen. Es gibt Situationen, da ist das Sterben nicht Feind, sondern Freund. Dann soll es nicht mit allen Mitteln abgewehrt, sondern zugelassen werden. Die Neuregelung zur Patientenverfügung, die zum 1. September 2009 in Kraft trat, ist verschiedentlich kritisch kommentiert worden, weil sie in der Abwägung zwischen Selbstbestimmung und Fürsorge mehr zur Selbstbestimmung neige. Dabei ist aber, auch bei uns in der EKD, nicht ausreichend gewürdigt worden, dass der zugrunde liegende Gesetzentwurf in der letzten Phase der parlamentarischen Beratungen noch einige hilfreiche Änderungen erfahren hat. Ich denke, dass wir die Patientenverfügung mit ihren jetzigen Möglichkeiten nicht kategorisch ablehnen können. Es kann aus christlicher Perspektive nicht nur ein Nein finden, wenn ein Mensch in seiner Patientenverfügung etwa die Zeit begrenzt, in der er im Wachkoma liegen will, bis die Maschinen abgeschaltet werden, oder wenn er im Sterbeprozess die Ernährung über eine Magensonde ablehnt, im Wissen, dass ohne Sondenernährung der Tod eintritt.

Übrigens bin ich in diesem Zusammenhang auch so froh, dass sich die Hospizbewegung immer weiter verbreitet. Einen Ort zu haben, wo Sterbende auf ihrem letzten Weg liebevoll begleitet werden, das ist wunderbar. Am Anfang habe ich mich gefragt, wie das auszuhalten ist; aber nach meinen Besuchen und Gottesdiensten, beispielsweise im Uhlhornhospiz in Hannover, bin ich überzeugt, das ist der richtige Weg. Da wird Sterben wieder Teil des Lebens, des Gespräches, der Realität. Und bei den Kinderhospizen ist es ja besonders wichtig, dass die Familien auch Entlastungszeiten kennen lernen. Dass Eltern und Geschwister einen Raum haben und Möglichkeiten, zu reden.

Es geht allerdings auch darum, die Situation in der professionellen Pflege zu verändern. Mich empören oft allein schon die vorgegebenen Zeiten zur Abrechnung – wie »23 Minuten für große Morgenwäsche mit Toilettengang«. Ganz abgesehen von der Unzumutbarkeit für die Gepflegten, auch das Pflegepersonal kommt in eine unerträgliche Situation von Druck und Hektik und dem Bewusstsein, den Menschen nicht gerecht zu werden. Kein Wunder, dass es immer schwieriger ist, Arbeitskräfte zu finden, die bereit sind, zu pflegen. Dabei werden wir alle alt und müssten hier für erträgliche Situationen wahrhaftig Sorge tragen.

Das ist schon eine Frage der Würde. Ich erinnere mich an die Plakate einer Kampagne zur Pflege, die wir in Niedersachsen vor einigen Jahren durchgeführt haben. Gesichter alter Menschen ganz aus der Nähe, und darunter stand: Streite mit mir. Rede mit mir. Bete mit mir. Das macht noch einmal bewusst: Alte Menschen dürfen wir nicht zu Objekten der Pflege machen. Hier geht es um konkrete Menschen, die wir ernst nehmen müssen.

Pflegen ist schwer. Bei einem Kind bist du positiv motiviert, weil du weißt, es lernt etwas, es kann immer mehr, beispielsweise selbstständig zur Toilette zu gehen. Ein alter Mensch verlernt es oft. Kann immer weniger. Das eine wächst, wird größer und selbstständiger, der alte Mensch schrumpft manchmal geradezu körperlich, wird abhängiger. Und die Hilflosigkeit kann über Monate, ja Jahre gehen. Es gibt Menschen, die zerbrechen an der Pflege ihrer Angehörigen. Deshalb können wir dankbar sein, dass es Pflegeeinrichtungen gibt, und wenn Angehörige wie Sie oft da sind, ihre Eltern besuchen, dann ist das Entlastung vor Ort und auch notwendige Kontrolle zugleich, dass die dort Lebenden gut versorgt werden.

Liebe Frau Feldkamp, nach all diesen grundsätzlichen Überlegungen noch einmal zu Ihrer Situation. Sie waren offensichtlich mit Ihrer Entscheidung sehr allein. Ihren Bruder als

Kritiker müssen Sie sich übrigens nicht so sehr zu Herzen nehmen, finde ich, solange er selbst nicht pflegt. Nur weil Sie nicht berufstätig sind, hat er nicht das Recht, Sie für die Pflege Ihrer gemeinsamen Mutter in Anspruch zu nehmen. Und dass er jetzt zahlen muss, ist nur in Ordnung, Ihre Mutter hat ja für Sie beide auch gezahlt, Ausbildung und anderes, hat Sie versorgt. Wahrscheinlich sollten Kinderlose wirklich mehr in die Pflegekasse einzahlen, weil dann die Balance erhalten bleibt. Wer Kinder hat, verzichtet finanziell auf vieles und wird später oft versorgt.

Sie, liebe Frau Feldkamp, haben offensichtlich eine verantwortbare Entscheidung getroffen. Stehen Sie dazu! Sie besuchen Ihre Mutter regelmäßig. Das ist gut. Wenn es allerdings eine Entscheidung war, die nur unter Druck so gefallen ist, dann sollten Sie schon noch einmal nachdenken. Sie konnten die Entscheidung treffen, es muss daher auch ganz und gar Ihre Entscheidung sein. Dass Sie Verantwortung für Ihre Familie haben, ist klar. Aber Ihre Familie muss Ihnen auch die Freiheit zur Entscheidung lassen und nicht aus Egoismus gegen die Pflege der Schwiegermutter oder Großmutter argumentieren. Dann würden Sie doppelt ausgenutzt.

Mir ist wichtig, dass wir verantwortlich leben, darüber Rechenschaft abgeben, wie wir handeln. Das tun Sie auf wunderbare und sanftmütige Weise. Ich wäre selbst wahrscheinlich keine gute Pflegerin, ich bin zu ungeduldig und bewundere meine ältere Schwester, die meine Mutter bei sich aufgenommen hat, damit sie in Würde alt werden kann. Aber nicht jeder Mensch kann das leisten. Ihre Entscheidung entspricht Ihren Möglichkeiten und ist etwas anderes als ein Abschieben ins einsame Niemandsland von Pflege und Sterben, wie ich es in der Marktkirche angesprochen habe. Insofern sind wir uns wohl einig: Ich hatte nicht Menschen wie Sie im Blick, die in einer schwierigen Entscheidung vielleicht zu dem Schluss gekommen sind, dass es für die Gepflegten besser ist, in einer Institution betreut zu werden, als zu Hause. Wie wir die Situation der Pflegenden und der Gepflegten wirklich substantiell verbessern, das weiß ich leider immer noch nicht. Aber dass wir sie besuchen, begleiten, nicht allein lassen, das ist wichtig. Und dazu können viele etwas beitragen. Ich denke allein daran, dass diejenigen, die auf einen Rollstuhl angewiesen sind, oft wochenlang das Gebäude nicht verlassen können, weil das Pflegepersonal keine Kapazität frei hat, das zu leisten. Da könnten viele einspringen, einmal pro Woche ehrenamtlich tätig sein. Das wäre bürgerschaftliches Engagement, wie es heute so oft gefordert wird.

Ich wünsche Ihnen alles Gute und viel Kraft,
Ihre
Margot Käßmann

P.S.: Liebe Frau Feldkamp, ich kann nicht anders, ich muss noch einmal auf die Predigt eingehen, die der Ausgangspunkt für unser Gespräch war. Der Begriff »Buße«, von dem ich im Gottesdienst gesprochen habe, meint ja »Umkehr von einem falschen Weg«, erkennen, dass etwas ganz und gar nicht stimmt. Und das ist heute nicht gerade beliebt. Unsere Gesellschaft ist geradezu darauf angelegt, nicht allzu tief nachzudenken. Wir sollen und wollen nicht innehalten, nachfragen, in uns gehen. Nein, wir sollen und wollen shoppen und Spaß haben und fernsehen. Natürlich habe ich auch gern Spaß, finde Entspannung überhaupt nicht negativ. Nur müssen wir uns doch fragen, wo unser Leben sinnvoll ist und wo wir wirklich am Sinn völlig vorbei gehen. Wo erliegen wir den Versuchungen der Konsum- und Fernsehwelt? Wo rennen wir in Teufelskreisen wie im Hamsterrad herum? Wo bieten wir Steine an statt Brot? In welchen Lebenswüsten befinden wir uns?

Mir war in der Predigt vor allem wichtig, dass Jesus selbst Versuchung kannte. O ja, er hätte vielleicht für die Jünger viel imposanter wirken können, wenn er die »Reiche der Welt« beherrscht hätte. Oder wenn er sich von einem Turm gestürzt hätte und bewahrt worden wäre – ein sensationelles Wunder, das wäre doch was! Auf eine Liveübertragung würden sich die Sender heute stürzen …

Jesus widersteht solchen Versuchungen, er lässt sich eben keine Fesseln anlegen. Er hält sich ganz und gar an sein Vertrauen in Gott. Wie schreibt Martin Luther im Kleinen Katechismus zum ersten Gebot: »Wir sollen Gott über alle Dinge fürchten, lieben und vertrauen.« Darin liegt Freiheit.

Mich beruhigt die Geschichte von der Versuchung Jesu auch. Sie sagt ja, er war nicht einfach über alles erhaben, ständig überlegen. Nein, er wusste etwas von Verführbarkeit, er hat selbst gerungen mit den Stimmen, die uns etwas einreden wollen. Und doch hat er sich von seiner zentralen Glaubensorientierung nicht abbringen lassen. Und die kennen wir doch auch, wenn wir hinhören. Da geht es nicht um irgendein diffuses Gefühl, sondern da gibt es in der Bibel klare Vorgaben: Du sollst nicht falsch Zeugnis reden, du sollst nicht töten. Selig sind die Sanftmütigen, selig die Friedfertigen. Und die Bibel steckt auch prallvoll von der Erfahrung: Gottvertrauen ist mehr wert als all die so großartigen Preise, die du im Leben angeblich gewinnen kannst. Die letzten Dinge wiegen schwerer als manche scheinbar auf den ersten Blick so wichtigen.

Ja, Geld regiert die Welt. Das war auch schon die Versuchung Jesu: über alle Reiche herrschen. Macht haben, das war das Angebot. Ich finde, die Versuchung ist geradezu infam beschrieben. Jesus hat Hunger, und der Teufel provoziert: »Als Gottes Sohn könntest du doch Steine zu Brot machen.« Doch, da würde wohl jeder in die Knie gehen, dessen ganzer Körper nach Brot schreit, jede, deren Kinder hungern. Aber Jesus erkennt: Der Teufel will doch nicht den Hunger stillen. Nein, der Teufel will Abhängigkeit, Unterwerfung.

Für mich ist wichtig, dass uns der christliche Glaube ein Angebot der Unabhängigkeit macht. Das bedeutet für mich der Freiheitsbegriff zuallererst. Denn ich bin verantwortlich vor Gott, vor mir selbst, vor anderen, aber ich muss nicht den Normen oder Erwartungen anderer entsprechen. Vor Gott ist offenbar, was ich denke, tue, was mir wichtig ist. Das Imponiergehabe, die äußerlichen Zeichen von Erfolg, den schönen Schein kann ich einfach lassen. Das ist auch das, was ich Ihnen gerne sagen möchte: Wenn es für Sie die angemessene Entscheidung war, dann ist es gut. Lassen Sie sich von all dem Druck, all den Konventionen und Erwartungen nicht in eine Haltung oder Lebensform zwängen, die ein einziger Zwang wäre.

Schwanger! Und jetzt?

Liebe Mirja,

das ist doch selbstverständlich, dass ich mich gut an Sie erinnere! Als Sie Ihre Ausbildung bei uns machten, haben Sie mit Ihrer Fröhlichkeit und Offenheit hier viele Herzen im Sturm erobert. Auch habe ich mich sehr gefreut, dass Sie gleich im Anschluss eine Stelle bekommen haben, und das auch noch in Kanada! Das finde ich weiterhin großartig, vor allem auch Ihren Mut, ganz allein so weit wegzugehen. Wir haben damals einen Sekt auf dieses Angebot getrunken, das weiß ich noch genau, weil es ja überhaupt nicht selbstverständlich ist, dass alles so nahtlos klappt.

Jetzt stellen Sie mir allerdings eine Frage, die unendlich schwer zu beantworten ist, zumal auf die Ferne und noch dazu schriftlich. Eigentlich müssten wir uns zusammensetzen, denn Ihre Situation ist auch so persönlich, dass ich Sie vielleicht doch nicht gut genug kenne. Sie sind schwanger und wissen nicht, ob Sie das Kind bekommen wollen oder auch können, ob Sie dem gewachsen sind, was auf Sie zukommt. Nun habe ich erst einmal verstanden, dass der Mann, der Vater des Kindes ist, jede Verantwortung für das Kind ablehnt. Sie stehen also tatsächlich vor der Frage: Schaffe ich es ganz allein auf mich gestellt oder treibe ich ab?

Einerseits kann ich es ganz kurz machen: Ich rate Ihnen zu, das Kind zu bekommen. Aber das will ich gleich hinzufügen: Ich werde Sie nicht verachten, wenn Sie sich anders entscheiden. Mir ist das sehr wichtig als Grundlage unseres Gesprächs, das hoffentlich mit diesem Brief nicht zu Ende sein wird, sondern erst beginnt. Es tut mir weh, wenn ich in der Geschichte meiner Kirche sehe, wie schnell Frauen verurteilt und verachtet wurden, die abgetrieben haben. Das ist für viele Christen offensichtlich eine Art Todsünde, die schwerer geahndet wird als Mord und Totschlag, als Krieg und Vergewaltigung. Ja, nach den Massenvergewaltigungen im Jugoslawienkrieg vor wenigen Jahren gab es Kirchenführer, die erklärt haben, die Frauen müssten die Kinder bekommen, ob sie vergewaltigt wurden oder nicht. Aber wer von ihnen kann wohl auch nur im leisesten erahnen, was neun Monate bedeuten, in denen ein Kind in mir heranwächst, das aus einer Vergewaltigung hervorgegangen ist? Es müssen sehr starke Frauen sein, die ein so gezeugtes Kind lieben können. Was es mit Mutter und Kind macht, wenn Hass über die Nabelschnur strömt, daran denkt wohl kaum jemand. Ich habe einmal gelesen, dass in den USA werdende Mütter aus wohlhabenden Schichten Musikseminare besuchen, die ihr Kind in der Schwangerschaft positiv beeinflussen soll. Das beruht eigentlich auf einer simplen Wahrheit, die alle Frauen kennen, die einmal schwanger waren: Schon die Schwangerschaft prägt ein Kind, eine Beziehung von Mutter und Kind. Was bedeuten dann wohl Hassgefühle?

Kurzum: Ich kann mir nicht vorstellen, eine Frau gegen ihren Willen und gegen all ihr Gefühl zum Austragen eines Kindes zu überreden oder gar zu zwingen. Sie muss doch Ja sagen können zu ihrem Kind, selbst wenn es ein zweifelndes, schwaches, leises Ja ist. Das bringt mir in der Kirche immer wieder Kritik ein. Aber allein der Gedanke, dass in der Welt noch immer jedes Jahr 46 Millionen Frauen einen Schwangerschaftsabbruch durchführen und davon knapp die Hälfte unter unsicheren Bedingungen, muss doch nachdenklich machen. Die Weltgesundheitsorganisation (WHO) hat berechnet, dass jährlich mehr als 78 000 Frauen an einem verpfuschten Abbruch sterben. Bei der Kairoer Weltbevölkerungskonferenz 1995 wurde gegen manche Widerstände dieses Problem wenigstens benannt. Und es hat zu ersten fassbaren positiven Ergebnissen für die Frauen geführt, wo immer der Einsatz für einen Zugang zu Verhütungsmitteln konkrete Folgen hatte. Diese Initiativen werden heute in Frage gestellt, und zwar gerade auch unter dem Einfluss fundamentalistischer christlicher Gruppierungen aus den USA. Deshalb bin ich beispielsweise der Bitte nachgekommen, dem Kuratorium der »Deutschen Stiftung Weltbevölkerung« beizutreten. Sie setzt sich für Aufklärung und Zugang zu Verhütungsmitteln ein und ich denke, das ist ungeheuer wichtig.

Es ist immer wieder schwer, mit meinen Bischofskollegen, vor allem aus den Ländern des Südens, darüber zu sprechen. Sie sagen, die Kirche hätte Enthaltsamkeit zu befürworten. Aber das ist oft unrealistisch, gerade für Mädchen in manchen Regionen Afrikas beispielsweise. Da gibt es Gebiete, in denen sich ein Mädchen nicht entziehen kann, wenn ein Mann auf dem Dorffest mit ihr Sex haben will. Oder es existieren überlieferte Traditionen, die dem Gast die Ehefrau zur Verfügung stellen. Und ganz abgesehen von solchem Druck, den es nicht nur in Afrika gibt: In Zeiten einer grassierenden AIDS-Epidemie sollte die Kirche meines Erachtens klar für den Gebrauch von Kondomen eintreten. Das ist keine Frage der Moral, sondern des Überlebens.

Liebe Mirja, das hat jetzt wenig mit Ihnen konkret zu tun; aber ich will damit sagen: Ich bin gegen Abtreibung, aber ich kann eine Frau nicht verurteilen, die keinen anderen Ausweg sieht. Diejenigen, die Frauen in unseren Schwangerschaftskonfliktberatungsstellen im Bereich meiner Landeskirche begleiten, sagen, es seien vor allem die Frauen, die bereits Kinder haben, die sich eher für eine Abtreibung entscheiden, weil sie nicht wissen, wie sie noch ein Kind ernähren und versorgen sollen. Das ist der eigentliche Skandal! In Deutschland wird jetzt immer öfter die sinkende Geburtenrate beklagt, aber gleichzeitig sind Kinder ein Armutsrisiko. Und genau das erfahren Sie jetzt auch in Kanada konkret. Sie haben Angst, es Ihrem Arbeitgeber zu sagen, weil der schon bei der Einstellung gesagt hat, »Sie werden mir aber hoffentlich nicht so schnell schwanger, oder?« Mein Rat: Lassen Sie sich von einer gestandenen Frau begleiten, wenn Sie es ihm sagen. Denn genau diese Einstellung muss sich ändern. Wir sollten uns freuen, wenn Kinder in den reichen Industrienationen geboren werden. Stattdessen werden Frauen unter Druck gesetzt.

Mir ist wichtig, dass Sie sich nicht allein fühlen mit dem Kind. Eine Schwangerschaft kann etwas Wunderbares sein, ja ein Wunder. Ich habe mich in diesen Zeiten immer rund und stark gefühlt. Allerdings war ich auch in einer geborgenen Situation. Ich musste nicht allein sein, ich musste keine Angst haben, dass der Vater des Kindes nicht für uns sorgt, wie so viele Frauen in der Welt es erleben, ich musste auch keine Angst um meinen Arbeitsplatz haben. Allerdings habe ich in der Kirche leider auch erlebt, dass sehr skeptisch darauf reagiert wurde, dass ich mit Kindern auch noch berufstätig sein wollte. Da haben sich Hinz und Kunz ein Urteil erlaubt. Es gibt in diesem Zusammenhang Sätze, die vergesse ich ein Leben lang nicht, selbst wenn ich sie verzeihen kann. Schwangere sind empfindsam und verletzlich.

Haben Sie ein kleines Netzwerk um sich herum? Wie würden Ihre Eltern dazu stehen, wenn Sie es ihnen erzählen? Gibt es Freundinnen und Freunde? Wer könnte Sie zur Geburt begleiten und die ersten Tage bei Ihnen sein? Wollen Sie nicht doch Kontakt zum Vater des Kindes suchen? Finden Sie eine Möglichkeit der Betreuung, damit Sie weiter berufstätig sein können? Ich weiß, dass viele meinen, das gehe nicht, die Mutter gehöre zum Kind. Aber von Kindergeld und Elternzeitpauschale, die Ihnen ja auch im Ausland zustehen, da Sie in der deutschen Botschaft arbeiten, können Sie nicht leben. Das ist letzten Endes gedacht für Familien, in denen es einen Hauptverdiener gibt. Sie sind auch nicht der Typ, der sich auf die Sozialhilfe verlassen will, das ist mir klar. Außerdem brauchen wir gerade talentierte Frauen wie Sie aktiv im Berufsleben. Während ich all das schreibe, ärgere ich mich schon wieder, dass eine Schwangerschaft das Leben einer Frau vollkommen umkrempelt, Männer aber völlig unberührt lassen kann …

Wir haben in Hannover ein Netzwerk eingerichtet, »Mirjam«, das Frauen im Schwangerschaftskonflikt berät. Da gibt es viel Unfug, der mit dem Notruftelefon beispielsweise betrieben wird, aber auch viele bewegende Geschichten. Eine Mutter zum Beispiel, die ihr Kind im Babykörbchen abgegeben hatte, hat es später geholt. Es war ihr viertes, sie war allein und wusste keinen Ausweg, konnte das Kind dann aber doch nicht in die Adoption geben. Andere haben das getan und ihr Kind anonym oder auch offen Adoptiveltern anvertraut, von denen viele ganz großartige Eltern sind.

Ich würde Ihnen so gerne einen geschützten Raum schaffen, in dem Sie Ihr Kind bekommen können. Es wird ein Teil von Ihnen sein. Sie werden überwältigt sein von diesem Gefühl: Es ist ganz auf mich angewiesen, schutzbedürftig, Leben, das neu heranwächst von Generation zu Generation. Und gleichzeitig will ich nicht romantisieren: Verantwortung für die nächsten zwanzig Jahre, Angst, Auseinandersetzung, durchwachte Nächte, Stress, pubertäre Streitigkeiten, Schulsorgen. Aber fundamental bleibt die Erfahrung: dein Kind. Unersetzbar. Einzigartig, wie es ist mit seinem lustigen Haarwirbel, den klugen Augen, den winzigen Händen … vielleicht auch der Behinderung, ja. Für mich ein Geschöpf Gottes, ein Zeichen des Lebens, das sich fortsetzt, der Liebe, die Mensch wird.

Machen wir uns nichts vor, dieses Kind, wenn Sie es zur Welt bringen, wird Ihr Leben fundamental verändern. Nein, aus der Weltreise, von der Sie träumen, wird vorerst nichts werden. Ja, Sie werden auf Jahre dem Stress ausgesetzt sein, eine Balance zwischen Kind und Beruf zu finden. Wenn Sie eine Abtreibung vornehmen, wird aber auch nicht alles einfach vorbei und vergessen sein. Sie werden sich fragen, wie es ausgesehen hätte. Jedes Jahr werden Sie wieder daran denken, wie alt es jetzt wäre. Ich habe das erlebt bei Frauen, die abgetrieben haben, und bei Frauen, die ein Kind in der Schwangerschaft oder durch den Plötzlichen Kindstod verloren haben. Eine Frau, die schwanger ist, hat sich schon verändert, dahinter können wir nicht zurück.

Wie sollen Sie nun eine Entscheidung treffen, die Zeit drängt ja sehr, das ist vielleicht das Schlimmste. Ich kann nur sagen, dass ich solche schwierigen Situationen wirklich im wahrsten Sinne des Wortes mit dem lieben Gott ausgefochten habe. Gott kann die Kraft schenken, die Herausforderung anzunehmen, die Entscheidung zu treffen und damit zu leben. Entscheiden Sie nicht in Panik! Vielleicht hilft der Gedanke, dass Frauen schon unter viel schwierigeren Umständen Kinder bekommen haben. Vielleicht kann Sie auch ermutigen, dass Sie das Kind ja zur Adoption freigeben könnten. Das muss heute auch gar nicht mehr anonym sein, sondern es gibt offene Adoptionen, in denen die Mutter mit dem Kind auf Distanz Kontakt halten kann. Ich will Sie nicht unter Druck setzen, aber das muss ich noch sagen: Das Kind ist ja schon da. Es ist jetzt abhängig von Ihrer Zustimmung zu seiner Existenz, aber es ist nicht so, als wäre da nur ein Zellklumpen, wie manche Biologen abschätzig sagen. Ein Embryo ist ein Mensch, der vollständig angelegt ist. Das halte ich auch immer denen entgegen, die den »Zellklumpen« zur gentechnologischen Forschung freigeben wollen.

Liebe Mirja, ich argumentiere hin und her. Ich mache Ihnen keine Vorwürfe in Sachen Verhütung, wie Sie befürchten. So etwas höre ich auch immer wieder, aber das Leben ist eben anders, nicht immer systematisch (und im Übrigen sollten wir immer mal wieder anmerken, dass Verhütung nicht allein Frauensache ist!). Wenn Sie mich fragen, ganz persönlich nach meiner Lebenserfahrung und nach meiner Glaubensüberzeugung, kann ich Ihnen nach Abwägen aller Argumente nur raten: Stehen Sie zu Ihrem Kind. Knüpfen Sie jetzt schon ein Netz, das Sie trägt von der Schwangerschaft über die Geburt bis zum Aufwachsen. Vielleicht können Sie mit einer anderen werdenden Mutter oder am besten mehreren eine Wohngemeinschaft bilden oder Wohnungen im selben Haus finden, damit es Aushilfe gibt. Wir könnten in Ihrer Kirchengemeinde in Kanada nachfragen – es gibt viele ältere Leute, die gern mal auf ein Kind aufpassen, damit die Mutter einkaufen, zum Arzt, zum Friseur gehen kann. Schon lange habe ich die Idee, in unseren Gemeinden solche Großelternbörsen einzurichten, weil ich weiß, es gibt solche Männer und Frauen, die nach der Berufstätigkeit oder nach der Familienphase gerne hier und da ganz konkret helfen wollen; das wären Menschen, die dann auch eine Beziehung zu Ihrem Kind aufbauen würden.

Ich will Ihnen nichts vormachen, es ist nicht jeden Tag lustig mit einem Kind. Manchmal dachte ich auch: Das geht jetzt über meine Kraft! Aber vorherrschend war doch bei mir dieses Gefühl der überschäumenden Liebe, des Staunens, dass dieses Kind mein Kind ist. Und immer, wenn ich nicht wusste, wie es weitergeht, gab es plötzlich eine neue Schneise, eine neue Kraftquelle. Manche haben mir schon gesagt, ich würde Mutterschaft idealisieren. Ganz bestimmt ist das nicht so; schließlich habe ich vier Kinder großgezogen und so einige Höhen und Tiefen kennen gelernt. Aber ich konnte das Kind nie zurückstoßen. Das war von Anfang an so. Als ich zum zweiten Mal schwanger wurde, passte es überhaupt nicht (eigentlich passte es nie wirklich). Da habe ich furchtbar mit der Schwangerschaft gehadert und hatte schließlich in der elften

Woche eine Fehlgeburt. Für mich war das ganz furchtbar, auch wenn ich weiß, dass das biologisch ein Normalfall ist. Irgendwie hatte ich das Gefühl, ich hätte dieses Kind verstoßen. Zum Glück habe ich danach noch drei weitere Kinder bekommen. Aber dieses eine, für manche wohl auch nur ein Zellklumpen, war doch auch ein eigener Mensch, vollständig angelegt. Jedenfalls habe ich um dieses Kind getrauert. Dass Eltern heute ein solches Kind auch bestatten können, finde ich wichtig. Es ist nicht ein »Etwas«, es ist ein werdender Mensch. Nein, ohne die Mutter kann er nicht existieren. Aber er ringt eigentlich um ihr Ja – oder klingt das jetzt zu pathetisch?

Ich wünsche Ihnen, dass Sie Menschen finden, die Ihnen das Ja möglich machen. Sollte ich etwas beitragen können, lassen Sie es mich wissen. Aber wenn es bei Ihnen zum Nein kommt, bitte verstecken Sie das nicht. Ich wünsche mir, dass unsere Kirche ein Ort ist, an dem auch das zur Sprache kommen kann, Frauen auch mit diesem Kummer, mit dieser Entscheidung und diesem Schuldgefühl Geborgenheit finden können. Das ist doch geradezu brutal, dass Frauen über diese Erfahrung offenbar nirgendwo sprechen dürfen. Es gibt wahrhaftig viel Schuld im Leben. Ich werde mich nicht zur Richterin machen, sondern mir geht es darum, die Menschen anzunehmen mit ihren Fragen, ihren Erfolgen, aber auch ihrem Scheitern. Wenn ich lese, wie Jesus sich Menschen zugewendet hat, wird mir immer klarer, dass Gott mit Liebe auf uns schaut – und ja weiß, wie oft wir versagen.

Möge Gottes guter Geist Sie bei Ihrer schweren Entscheidung begleiten,
wünscht Ihnen

Ihre
Margot Käßmann

Gibt es heilige Räume?

Lieber Ingo,

das finde ich ganz großartig, dass dein Zivildienst dir die Kirche so nahegebracht hat, das freut mich einfach. Das Altenheim, in dem du gearbeitet hast, habe ich vor zwei Jahren besucht, ich kann mir lebhaft vorstellen, dass die Atmosphäre da wirklich gut ist. Es kommt ja immer auch auf die Menschen an, die dort arbeiten und leben und du hast Recht, dass es viele Vorurteile gibt. Aber weißt du, die Altenheime haben sich ja auch sehr verändert. Es ist selten geworden, dass Menschen an dem Ort, an dem sie gelebt haben, zusammen alt werden in einem Haus, in dem sie umsorgt werden. Gerade im städtischen Bereich ist es eher so, dass die Menschen so lange wie möglich in der eigenen Wohnung bleiben – was ich gut verstehen kann. Da werden sie ambulant versorgt und das ist eine großartige Sache. In die Altenheime kommen dann aber nur noch die wirklich Pflegebedürftigen, die sich gar nicht mehr selbst helfen können. Gemeinschaftliche Projekte wie Ausflüge, Gesprächskreise, Bastelnachmittage – all das fällt dann weg. Und so kann ein Heim dann bei aller guten Absicht und Führung für diejenigen, die noch »fit« sind, abschreckend wirken. Weil so deutlich wird, wie hinfällig das Leben sein kann.

Aber nun zu deiner konkreten Frage im Brief. Die Sache mit dem »Kirchenraum«, das ist, um mit Theodor Fontane zu reden, »ein weites Feld«. Du willst nun Theaterwissenschaften und Architektur studieren und fragst mich, warum ich mich so klar gegen die Aufführung des Kresnik-Stückes »Die zehn Gebote« vor ein paar Jahren im Bremer Dom ausgesprochen habe. Zunächst will ich dir sagen: Im Grunde geht mich das wenig an. Ich bin nicht die Bischöfin von Bremen, Bremen ist eine eigene Landeskirche. Ich bin durch Zufall in die Auseinandersetzung hineingeraten – ich sollte in den »Tagesthemen« Stellung zu den Kirchenfinanzen nehmen. Dort gab es auch einen Einspielfilm über die Proben zu jenem Stück und ich wurde einfach zu einem Kommentar gebeten. Den habe ich ebenso am nächsten Tag in einem Interview mit Nord-West-Radio nach Absprache mit dem Schriftführer der Bremer Kirche auch abgegeben. Einerseits habe ich gesagt, dass jede Bremer Gemeinde natürlich entscheiden kann, was sie tut. Andererseits habe ich erklärt, dass ich der Meinung bin, dass der kirchliche Raum missbraucht wird, wenn Sensation dadurch erzeugt werden soll, dass hier Sex, nackte Frauen und Gewalt gezeigt werden; in einer Oper erregt das heute ja kaum mehr Aufmerksamkeit – sondern wohl nur noch im kirchlichen Raum. Dieser Missbrauch zeigt sich auch darin, dass es nicht mehr um die zehn Gebote geht – wie von der Domgemeinde in Bremen intendiert – sondern nur noch um den Skandal. Ich halte das für Effekthascherei.

Dabei sind ja Theater, Kunst und Kultur gar nichts Ungewöhnliches in einem kirchlichen Raum. Ich denke beispielsweise an das Musical »Godspell«, das in mehr als 40 Kirchen Niedersachsens aufgeführt wurde, oder an die Ausstellung »Lost Paradise Lost« während der EXPO. Aus solchen Erfahrungen heraus meine ich, dass es hier keine grundsätzlichen Entscheidungen geben kann, sondern von Projekt zu Projekt abgewogen werden muss. Entscheidende Kriterien sind für mich, dass die religiösen Gefühle von Gläubigen nicht verletzt werden und die Würde des Raumes gewahrt bleibt. Wenn der Regisseur allerdings erklärt, er sei Atheist und ihm bedeute der kirchliche Raum gar nichts, dann hätte ich ehrlich gesagt von vornherein Bedenken. Warum will er dann in diesem Raum inszenieren?

Auf die Frage eines Journalisten, ob es nicht gut sei, wenn ein kirchlicher Raum durch so einen vermeintlichen Skandal wenigstens voll werde, wie bei Kresnik, dessen Uraufführung alsbald ausverkauft war, habe ich erklärt, wir hätten es nicht nötig, jeden Firlefanz in die Kirche zu holen, nur um den Raum zu füllen. Auf die weitere Frage, ob ich mir das Stück ansehen werde, habe ich erklärt: nein, da ich mir auch im Fernsehen keine Gewaltfilme ansehe.

Mit dem Begriff »Firlefanz« habe ich dann offensichtlich so manches Theatergemüt erhitzt und es entstanden zwei unterschiedliche Diskussionen nebeneinander. Mir geht es um die Grundsatzfrage der Würde des gottesdienstlichen Raumes und der Gefühle von Gläubigen, die mit diesem Raum verbunden sind. Das ist für unsere evangelische Kirche eine bundesweite Herausforderung und notwendige Auseinandersetzung. Andere argumentierten nur mit Blick auf dieses eine Stück in Bremen und konzentrierten sich in der Argumentation darauf, dass Nacktheit dargestellt werden darf und dass es einem Bilderverbot gleichkäme, dies zu verhindern.

Meines Erachtens muss vom Gotteshaus her gedacht und je neu gefragt werden, ob der kirchliche Raum lediglich benutzt wird, um Aufmerksamkeit zu erregen. Dafür sind jene nackten alten Frauen an Nähmaschinen lediglich ein Beispiel, weil sie allein im Kirchenraum noch öffentliche Erregung erzeugen; in keinem Theater wäre dies mehr der Fall. Ein solcher Vorgang ist für mich – genauso wie der Plan einer Dessous-Modenschau in einer Kirche – ein Missbrauch des kirchlichen Raumes und schlicht Effekthascherei. Vielleicht musst du dir solche Szenen in einer Moschee, einer Synagoge oder auch einer römisch-katholischen Kirche vorstellen, um dir klar zu machen, wovon ich spreche.

Auf den Vorwurf des Bremer Intendanten, meine Haltung sei »anti-aufklärerisch«, kann ich nur sagen: Eine Kirche wird nicht dadurch modern oder aufgeklärt, dass sie Nackte im Gotteshaus auftreten lässt. Theater, Kunst, Kultur und inhaltliche Auseinandersetzung in der Kirche befürworte ich. Aber es gibt Grenzen des Respekts vor unserem Glauben und einem Ort, an dem Gebet, Gottes Wort, die Feier des Abendmahls im Mittelpunkt stehen. Wir erleben in den letzten Jahren, wie die besondere Spiritualität unserer evangelischen Kirchen von vielen Menschen neu entdeckt wird – Stille, Meditation und Gebet erhalten in der Kirche, Kathedrale, Kapelle einen anderen Raum als zu Hause (wo sie auch ihren Ort haben können); die Kirchenpädagogik zum Beispiel macht uns das neu bewusst. Es gilt, sensibel mit diesen Räumen umzugehen. Vielleicht müssen wir wieder ein Gefühl für das Heilige entwickeln oder stärken, ein Gespür dafür, dass solche Räume eine bestimmte Atmosphäre haben. In der Hektik des Alltags, im Lärm des Verkehrs, in der Unruhe unseres Lebens brauchen wir Orte, die Stille atmen, eine Ermutigung zur Andacht bergen und ausstrahlen.

Da meine Äußerungen in den Medien immer wieder lediglich mit dem Bremer Stück in Verbindung gebracht wurden und ihm so noch zusätzliche Aufmerksamkeit verschafften, habe ich mich in diesem Zusammenhang nicht mehr geäußert. Mir ist schon klar, dass du das nicht verstanden hast. Der Mut zur Auseinandersetzung fehlt mir in der Sache wahrhaftig nicht! Ich will mich nur nicht für ein Medienspektakel missbrauchen lassen. Ich habe einfach eine große Liebe zu vielen kirchlichen Räumen. In ihnen spiegelt sich die Liebe zu Gott, die Geschichte unserer Kirche, und grundsätzlich zu unserer Kultur und Architektur. Kirchen sind geprägt von dem, was in ihnen geschieht, sie sind eine Art »durchbetete« Räume, weil Menschen hier zusammenkommen, um mit Gott zu sprechen. Das haben wir beim Christuspavillon auf der EXPO, der Weltausstellung in Hannover, im Jahr 2000 erleben können. Je länger dieser zunächst kühle Raum aus Stahl und Marmor als Kirche zu Stundengebeten genutzt wurde, umso mehr atmete er etwas vom Glauben. Das hört sich merkwürdig an, wurde aber von vielen so empfunden. Ein Raum bleibt nicht neutral. Was in ihm gemacht und gelebt wird, ist spürbar – je länger, je mehr. Dadurch können gerade die Steine einer alten Kirche mit ihrer langen Geschichte etwas Lebendiges ausstrahlen.

Als Schirmherrin des Bundesverbandes Kirchenpädagogik höre ich von vielen darin Aktiven, wie selbst Kinder, die nie etwas mit Religion zu tun hatten, in der Begegnung mit dem Gotteshaus Respekt, eine Ahnung der Würde dieses Ortes an den Tag legen. Deshalb meine ich eben auch, dass wir diese Räume nicht einfach so verkaufen können. Ich war vor einiger Zeit in Amsterdam und habe Kirchen gesehen, die verkauft wurden und zu einer Diskothek oder zu einer Kneipe umfunktioniert wurden. Das tut mir schon weh. Ich denke auch an die evangelisch-lutherische St. Peter-und-Paul-Kirche in St. Petersburg. Sie wurde 1838 eingeweiht und in den 1950er und 60er Jahren in der Sowjetunion zu einem Schwimmbad umgewandelt. Wenn man sich die Bilder ansieht – es gibt einen anschaulichen Berichtsband darüber –, dann ist geradezu zu sehen, wie der Glaube beleidigt werden sollte. Von 1994 bis 1997 wurde das Schwimmbad wieder in eine Kirche verwandelt – die Wiedereinweihung war ein Zeichen von Freiheit.

Ob sie zu groß sind, die Kirchen? Nun, manches Mal sicher, und für manche Pastorin und manchen Pastor ist es schwer, sonntags in einer großen Kirche mit wenigen zusammenzukommen. Es ist viel schöner, mit einer großen Gemeinde zu feiern – als Bischöfin bin ich da wahrhaftig privilegiert! Ich gebe dir übrigens völlig Recht, dass wir neue, verschiedene Gottesdienstformen neben den traditionellen schaffen müssen. Mir kommt aber auch mein Besuch bei den deutschen

Christen auf den Balearen vor einiger Zeit in den Sinn. Dabei habe ich unter anderem die Kathedrale auf Mallorca besichtigen können. Mit ihrem Bau wurde im 13. Jahrhundert begonnen, und erst nach dreihundert Jahren war sie fertig. Obwohl: was heißt fertig – an so einem Gebäude wird immer gebaut und renoviert … Jedenfalls lebten, als sie erbaut wurde, nur 1500 Menschen auf der Insel, aber 6000 passen in die Kirche. 19,50 Meter ist das Mittelschiff breit – eine architektonische Meisterleistung! Mir ist das nur ein Beispiel dafür, dass ein Gotteshaus nicht einfach irgendein Raum ist und es nicht nur darum geht, ihn mit Menschen vollzumachen. Wir müssen uns vorstellen: Die Inselbewohner damals wohnten in geduckten kleinen Häuschen, die ganze Familie in einem Raum, beengt, die Decke zum Greifen nah. Da war es eine ungeheure sinnliche Erfahrung, in die Kathedrale zu kommen: So weit ist Gottes Raum! So groß ist Gottes Herrlichkeit! Die Kirche ist nicht zuerst ein Funktionsgebäude, in dem Menschen Sitzplätze haben, wie in der Schule oder im Theater zum Beispiel. Nein, sie ist ein Raum zur Gottesbegegnung, zur Vertiefung, für den Glauben und zum Gebet. Oft haben die Menschen die besten und schönsten Materialien, die sie hatten, für die Kathedrale verwendet – um ihre Kostbarkeit auszudrücken, um Gott zu ehren. Das ist die christliche Tradition, aus der wir herkommen – deshalb meine ich auch, der Raum der Kirche verdient einen gewissen Respekt.

Kirchen sind nicht Räume und Häuser wie alle anderen. Menschen fühlen sich selbst verwundet, wenn ihre Gotteshäuser zerstört werden. Fulbert Steffensky hat das einmal sehr bewegend an der Leipziger Universitätskirche dargestellt, der Paulinerkirche, über deren Wiederaufbau jahrelang heftig gestritten wurde. 1960 wurde die Paulinerkirche vom SED-Regime gesprengt. Eine Frau erzählt davon: »Als die Sprengung dann erfolgte, hörte man einen scharfen hellen Knall, und für

Bruchteile einer Sekunde blieb die Kirche zunächst stehen. Diese Zeitspanne war sicher sehr sehr kurz, aber sie reichte bei mir für den triumphierenden Gedanken: Die Sprengung ist misslungen! Und kaum hatte ich das gedacht, fing die Kirche an – wie im Schmerz, wie im Todeskampf – zusammenzubrechen. Da gibt es diese berühmte Rosette, und die wurde plötzlich oval und verzerrt, riss in der Mitte durch.« Und ein Mann berichtet: »Mir kamen die Worte in den Sinn: *Neigte das Haupt und verschied* … Dann hat man die Kirche abgetragen, weggeschafft, so schnell wie möglich in die alte Kiesgrube, und hat verhindert, dass Leipziger sich bedienten mit Teilen der Trümmer. Um jede Erinnerung auszulöschen, schütteten sie anderen Schutt über den Schutt der Kirche, brachten Mutterboden oben auf, pflanzten Büsche, zogen einen Zaun, machten ein Tor mit einem Schloss und setzten Wächter davor.« Mich hat diese Schilderung fast an das Grab Jesu erinnert – da soll etwas ausgelöscht werden, eine Erinnerung und damit auch eine Hoffnung.

So manches Regime wollte die Kirche zerstören. Aber der Glaube hat ein langes Gedächtnis. Er erzählt Geschichten, Glaubensgeschichten, und daraus kann sich große Kraft entwickeln. Auch wenn wir als Evangelische keine heiligen Räume kennen, so atmen unsere Gotteshäuser doch etwas vom Heiligen. Weil unsere Gotteshäuser solche Orte sind, werden sie immer neu gebaut, wo Menschen eines Glaubens zusammenkommen. Das geschieht in den unterschiedlichsten Formen und Traditionen, in der Architektur der jeweiligen Zeit und Kultur. Deshalb ist die Religionsfreiheit ein so hohes Gut. Es geht darum, dass alle Religionsgemeinschaften bauen können. Für dieses Recht gilt es einzutreten, bei uns und weltweit.

Sicher wurde auch mit dem Bau von Kirchen Missbrauch getrieben. Der Lutherfilm von 2003 weist sehr krass auf die

Schieflage im Mittelalter hin, als der Ablasshandel kleine Leute ausgequetscht hat, um den großartigen Petersdom zu bauen. Das hat dann wohl mit der Ehre Gottes wenig zu tun. Dann würde Gott sicher lieber in der schlichten Hütte wohnen … Überhaupt gefällt mir das Bild von Gott als Nachbarn sehr gut. Es kommt mir immer in den Sinn, wenn ich in der Bibel lese, dass Gott bei uns wohnen will (zum Beispiel Offenbarung 21, 3–5). Das ist ja die große Zukunftsvision im Buch der Offenbarung: Gott wird mitten unter uns wohnen, »eine Hütte haben bei den Menschen«. Was mir dagegen wirklich wehtut, ist, wenn kirchliche Räume missachtet, wenn Glauben und Bibel verspottet werden. Manchmal denke ich, jener bekannte Spruch des Häuptlings Seattle könnte so variiert werden: »Erst wenn der letzte Bibelvers in der Werbung missbraucht, der letzte Choral verulkt, der letzte Kirchenraum zertrampelt worden ist, werdet ihr merken, dass ihr ohne heilige Räume, Worte und Klänge nicht leben könnt.«

Aber keine Angst, ich bin da gar nicht pessimistisch. Ich habe den Eindruck, viele entdecken wie du unsere Kirchen ja gerade neu als durchbetete und durchsungene Räume, Sphären des Rückzugs und der Stille in einer lauten Welt und doch lebendige Orte, voller gelebter Geschichte und Gegenwart.

Dir auch ganz persönlich danke für deinen Zivildienst und alle guten Wünsche für deinen weiteren Lebensweg! Wer weiß, vielleicht führst du ja einmal ein Stück in einer Kirche auf – ich bin sicher, du hast ein Gespür für die Besonderheit des Raumes!

Mit vielen Grüßen,

deine
Margot Käßmann

Für die Seele sorgen

Liebe Frau Helmer,

beim Frauenfrühstück hatte ich zwischen all den Menschen leider nicht die Ruhe, auf Ihren Kummer angemessen einzugehen. Dazu brauchten wir Zeit, ein intensives Gespräch, viele Gespräche wahrscheinlich. Sie haben mir Ihren ganzen Ärger sozusagen vor die Füße geworfen: Niemand liebe Sie, Ihr Mann denke nur an seinen Beruf, Ihren eigenen Beruf hätten Sie für die Familie aufgegeben und jetzt seien Sie nur ein Rädchen im Betrieb. Gebraucht würden Sie nicht, nur benutzt und weggeworfen, und niemand würde es merken … Das ist schlimm, ja. Und das muss erst einmal so stehen bleiben.

Als mir unser Gespräch weiter durch den Sinn ging, hatte ich deutlich den Eindruck, dass Ihr täglicher Ärger ja mit ganz grundsätzlichen Fragen zusammenhängt. Da ist Ihre konkrete Situation, in der Sie erfahren, dass die Kinder Sie nicht mehr so nötig brauchen, dass sie das eigene Leben leben. Und Sie haben das Gefühl, nur noch die Versorgungsanstalt zu sein. Doch, wirklich, das kenne ich schon. Da deckst du jeden Tag den Frühstückstisch: Teller, Tassen, Marmelade, Kaffee, Brot, Milch, Butter, und niemand scheint das überhaupt wahrzunehmen. Ob jemand darüber nachdenkt, auf welch wundersame Weise die schmutzige Wäsche sauber und gebügelt zurückkommt? »Das macht doch die Waschmaschine« … Mich überkommen da auch manchmal Trauer und Wut zugleich. Sie haben ja gesagt, Sie hätten schon einmal einfach alles gelassen, aber niemand hat es so recht gemerkt. Und das ist ja vielleicht das Drama für viele von uns in diesen Fällen: Bis jemand es recht merkt, dauert es länger, als wir es selber aushalten.

Ihnen geht es ja grundsätzlich darum, im Alltag innezuhalten, um die eigene Mitte nicht zu vergessen, nicht zu verdrängen. Wir sind als Menschen keine Maschinen, die sich einfach ein- und ausschalten lassen; da ist mehr. Wenn wir immer nur funktionieren, immer nur effektiv sind, verlieren wir uns selbst und auch unsere Seele, davon bin ich überzeugt. Sicher kennen Sie die Erzählung von dem alten Indianer, der das erste Mal Auto fährt? Nach einer Weile bittet er darum, anzuhalten, und setzt sich an den Straßenrand. Als der Fahrer des Autos fragt, was er da macht, sagt er: »Ich warte darauf, dass meine Seele hinterherkommt.« Mir gefällt diese Geschichte gut, weil sie etwas beschreibt, was heute oft passiert. Die meisten Menschen in unserem Land leben sehr schnell, sie sind ununterbrochen aktiv, faxen, telefonieren per Festnetz und per Handy, simsen, während sie mit ihrem Sohn Lego bauen, vereinbaren per Handy noch einen Termin, wenn sie mit Freunden schon in der Kneipe sitzen, schauen schnell bei Ebay rein, während sie kochen. Früher dauerte es einige Zeit, bis wir einen Brief geschrieben hatten, bis der ankam und wir schließlich wiederum eine Antwort erhielten; heute erwarten viele, dass auf eine E-Mail binnen Minuten oder zumindest Stunden reagiert wird. Alles ist laut und wir lassen uns ununterbrochen beschallen. Wir hören den Verkehr gar nicht mehr, weil Radio oder Fernseher so laut sind. Wir können uns beim Einkaufen nicht gut unterhalten, weil ständig Musik in den Läden dröhnt. Viele Menschen kennen gar keine Stille mehr und wissen nicht, wie sie damit umgehen sollen: Stille ist für viele so ungewohnt, dass sie fast unheimlich wird. Und doch – oder gerade deshalb – wächst die Sehnsucht nach Stille. Nach äußerer und innerer Ruhe. Wir haben hier in Niedersachsen mehrere Klöster und einige bieten Einkehrtage und ein Einüben in die Stille an. Immer wieder erzählen mir Menschen, was für eine überwältigende Erfahrung das sein kann.

Was ist nun die Seele, die Stille braucht und Langsamkeit? Es ist schwer, das in Worte zu fassen. Es geht um Inneres und Innerlichkeit, um das, was den Menschen in der Tiefe ausmacht, ja zum Menschen macht. Mitten in der elektronischen Kommunikation, in der wir leben, in dieser durch und durch technisierten und funktionalisierten Welt, in der sich so viel Neues tut, sind die Veränderungen manchmal so rapide, dass wir gar nicht mehr erfassen, wer wir sind und wo wir hingehören; dass wir womöglich dabei sind, uns selbst zu verlieren. Oder anders ausgedrückt: Unsere Seele kann nicht Schritt halten mit unserem Lebenstempo.

Das spüren auch immer mehr Menschen – und inzwischen wird natürlich diese Sorge um die Seele auch schon vermarktet. Ich muss immer ein bisschen lachen, wenn ich beispielsweise in Wellnessangeboten Folgendes lese: »Sie werden sich fühlen wie neugeboren« – »Wann haben Sie das letzte Mal etwas für sich selbst getan?« (Ich denke da immer gleich: »Wann hast du das letzte Mal etwas für jemand anderen getan?«) – »Weil ich es mir wert bin« – »Ihr individuelles Wohlfühlprogramm!« – »Hier finden Sie Ihren eigenen Weg, sich immer wieder wie neugeboren zu fühlen« – »Erschaffe dich neu« – »Entdecken Sie neue Quellen der Kraft für Körper, Geist und Seele!« und so weiter und so weiter. Das sind ja fast schon religiöse Heilsangebote, auch für die Seele. Doch ich halte es für hoch problematisch, wenn Menschen meinen, in Wellnessprogrammen ihren Lebenssinn zu finden. »Sei gut zu dir selbst« – das kann einfach nicht alles sein. Und es wird, davon bin ich überzeugt, auch nicht wirklich glücklich machen. Das eigene Selbst, der eigene Körper kann dabei zum Objekt der Anbetung werden, ganz ins Zentrum der eigenen Aufmerksamkeit rücken. Oder die Beschäftigung mit meinem Innenleben, meinen Gefühlen und Befindlichkeiten wird zum Lebensinhalt. Martin Luther hat gesagt: »Woran wir unser Herz hängen, das ist unser Gott.« Und das kann sehr schnell das eigene Wohlbefinden sein. Oder eben der eigene Körper. Dann vergöttern wir uns selbst. Dann wird der Selbstwert nicht von außen, etwa von Gott, zugesprochen oder aus der Persönlichkeit gewonnen oder dem eigenen Tun, sondern aus dem »Design« – mit allen Folgen. Ich bin dem Körperkult dann auch gnadenlos ausgeliefert …

Dabei kann ich übrigens als Christin einem Wellness-Wochenende zum Beispiel durchaus auch etwas Positives abgewinnen. Leben in der ganzen Fülle wahrnehmen ist durchaus im Sinne Gottes. Und für den Körper und die Seele Sorge tragen, das ist wichtig und richtig. Allerdings sehe ich da eine entschiedene Grenzen, wo Wellness in Glauben übergeht – in der Tat scheint Wellness bisweilen eine Glaubenssache zu sein! In der Sauna, in die ich öfter gehe, wurde vor kurzem eine Lampe in vier Farben angebracht. Eine Farbe nach der anderen beginnt zu leuchten, bis alle vier zu sehen sind, und dann geht's wieder von vorne los. Als ich fragte, was das bringt, wurde mir gesagt: »Das tut der Seele einfach gut!« Seitdem schaue ich auf die Lampe und werde immer unruhiger, weil ich nicht genau herausfinde, in welchem Rhythmus sich die Farben abwechseln – das hat bei mir nichts mit Wohlfühlen zu tun, sondern wird Stress pur! Bei mir wäre deshalb eine farbgestylte Wellnessdusche auch einfach nur eine Dusche; ob ich die subtilen Energien der Farbtherapie vielleicht einfach nicht verstehe?

Wellness kann also durchaus dazu beitragen, dass wir ruhiger werden, dass wir langsamer werden, dass wir innehalten und nicht nur unseren Körper spüren, sondern auch wahrnehmen, was uns innerlich bewegt, auf unsere Seele achten. Diese spielt in der Bibel eine große Rolle. Im hebräischen Teil steht dafür der Begriff *nefesch*, im Grunde die Kehle, und in der Folge sozusagen für den Hunger – vielleicht können wir im übertragenen Sinn vom Hunger oder von der Sehnsucht nach Leben sprechen. Sie kennen doch die Schöpfungsgeschichte:

Da bläst Gott dem Menschen den »Odem des Lebens« ein (1. Mose 2,7). Erst so wird der Körper lebendig. Die Seele ist also der Atem des Lebens, die Lebendigkeit. Für diese Seele gilt es zu sorgen, wir hören das noch heute in dem alten Begriff der Seelsorge. Da geht es um seelisches Leiden und nicht um körperliches. Gerade etwa in Trauer und Angst ist es die Seele, die sich meldet, und wenn wir sie missachten, dann kann das schwere körperliche Schäden zur Folge haben. Und schließlich bin ich überzeugt, dass die Seele bleibt, auch wenn wir sterben, wenn der Körper ein Ende findet und wir ihn beerdigen mit den Worten: Erde zu Erde, Asche zu Asche, Staub zum Staube.

Sorgen wir also bewusst für unsere Seele. Auch ganz unabhängig von Ihrer Lebenssituation im Moment, Frau Helmer, scheint doch gerade Ihre Seele erschöpft und verletzt; vielleicht auch einfach vernachlässigt. Ich bin nun zu weit weg, um konkret zu sehen, was für Sie richtig ist. Was tut Ihrer Seele gut? Ist es eine gute Idee, dass Sie einmal eine Woche ganz allein wegfahren? Und es lassen, konkret vorzusorgen mit Kochen, Waschen und so weiter? Ich bin überzeugt, Ihr Mann und Ihre Kinder werden nicht verhungern und verelenden. Aber Sie könnten in sich Stille finden und sortieren, wie das Leben weitergehen soll. Mein Tipp wäre: Fahren Sie ans Meer. Vielleicht auf eine ostfriesische Insel. Gerade jetzt im Winter ist es da schön ruhig, kein Trubel, sondern Ruhe, Sand und Wind. Da können Sie vielleicht einmal alles loslassen. Es gibt ein Gedicht von Erich Fried*, in dem das sehr gut ausgedrückt wird, finde ich:

Wenn man ans Meer kommt
soll man zu schweigen beginnen
bei den letzten Grashalmen
soll man den Faden verlieren

* Aus: Erich Fried, Warngedichte, © 1979 Carl Hanser Verlag, München Wien.

und den Salzschaum
und das scharfe Zischen des Windes
einatmen
und ausatmen
und wieder einatmen

Wenn man den Sand sägen hört
und das Schlurfen der kleinen Steine
in langen Wellen
soll man aufhören zu sollen
und nicht mehr wollen wollen
nur Meer
Nur Meer

Das ist im Grunde, was uns die Mystiker auf den Weg geben: Sich dem Atem überlassen, der Seele. Und loslassen, was uns so bedrängt. Und Kraft schöpfen für unser Leben, weil wir eine Mitte haben. Weil wir unsere Seele finden.

In der Bibel heißt es: »Was hülfe es dem Menschen, wenn er die ganze Welt gewönne und nähme doch Schaden an seiner Seele?« (Matthäus 16,26). Das ist wahrscheinlich die zentrale Frage unseres Lebens. Wir weichen ihr zu oft aus, weil wir durchs Leben rennen, von Aufgabe zu Aufgabe, von Termin zu Termin, von Woche zu Woche, von Urlaub zu Urlaub. Dabei merken wir gar nicht, wie das Leben vergeht.

Wer das Leben gewinnen will, muss anhalten. Einmal aussteigen, wie der alte Indianer, und neu sortieren: Wichtiges und Unwichtiges, Oberflächliches und Tiefes.

Ich wünsche Ihnen von Herzen, dass Sie Ihre Mitte, Ihre Seele neu finden. Ich denke, Sie können dann besser fragen, wie es aussehen soll im nächsten Abschnitt Ihres Lebens. Was will ich? Was ist mir wichtig? Dann werden Sie sich vielleicht mit Ihrer Familie an einen Tisch setzen müssen und klären, wie es weitergeht. Ich bin überzeugt, Sie können durch eine solche Klärung zufriedener, glücklicher werden. Und wenn sich einiges verändert, kann das ja für alle eine gute, positive Entwicklung sein – jedenfalls wesentlich besser als ein Verharren in unzufriedenem Stillstand.

Eines noch: Ich habe mich immer geärgert, wenn es heißt, Eltern »opferten« sich für ihre Kinder auf, oder so ähnlich. Das finde ich falsch formuliert. Wir haben uns für unsere Kinder entschieden und sie sind uns nichts schuldig. Ein kleines Beispiel war für mich persönlich die Weihnachtsdekoration. Ich liebe es, in der Woche vor dem ersten Advent das Haus zu schmücken. Und auch die Rituale rund um den Weihnachtsbaum bedeuten mir viel. Als die Kinder dann etwas größer waren, war ich einmal richtig enttäuscht, dass niemand mir beim Abräumen nach dem Epiphaniastag, dem 6. Januar, helfen wollte. Ich war verletzt und in der Stimmung: »Ich mache das alles für euch und ihr würdigt es nicht!« Doch ein paar Wochen später dachte ich: Ich bin das doch, die diese Rituale liebt. Das kann ich meiner Familie doch nicht vorwerfen und anlasten. Im Jahr darauf habe ich deshalb von vornherein eingeplant, am Vormittag des 7. Januar zwei Stunden Zeit zu haben. Ich habe mir einen Kaffee gekocht, die letzten Weihnachtsplätzchen heraus geholt, das Weihnachtsoratorium von Bach noch einmal aufgelegt und in aller Seelenruhe (!) die Wohnung und den Christbaum »abgeschmückt«. Das hatte seinen Sinn, das tat gut, und es war meine Sache. Eine wichtige Klärung, die ich schon früher hätte angehen sollen, um Verletzungen und Missverständnissen gar keinen Raum zu geben.

Ich bin überzeugt: Auch bei anderen und größeren Weichenstellungen hilft eine solche Klärung, die bei uns selbst anfängt.

Mit guten Wünschen,
Ihre
Margot Käßmann

Frieden herbeisehnen

Lieber Herr Bergmann,

das können Sie mir glauben: Mich treibt die Kriegsfrage ernsthaft um. Sie haben sich beschwert darüber, dass ich mich für ein Ende der Wehrpflicht einsetze und 2003 an einer Demonstration gegen den Irakkrieg teilgenommen habe. Zur Demonstration will ich sagen: Im Berliner Dom hatte ein Gebetsgottesdienst für den Frieden stattgefunden. Den hat Bischof Huber gehalten und ich habe mich in der Liturgie beteiligt. Erst danach sind wir beide ganz in »zivil« bei der Demonstration mitgegangen, als Bürgerin und Bürger dieses Landes sozusagen.

Ich bin froh und dankbar, dass unsere Kirche sich so klar für die Lösung von Konflikten mit friedlichen Mitteln einsetzt. Viel zu oft in der Geschichte haben Kirchen Waffen gesegnet und sind damit schrecklich in die Irre gegangen. Ich wünsche mir, dass Religion endlich ein Faktor der Konfliktentschärfung wird und nicht immer wieder Konflikte verschärft. Bei einem Besuch der deutschen Gemeinden in Dublin und Belfast musste ich mit Erschrecken sehen, dass das mitten in Europa immer noch der Fall ist, selbst unter Christen. Und in Israel und Palästina, in Pakistan und Indonesien ist Religion leider immer wieder eher das Öl im Feuer, statt Löschwasser für Hass und Gewalt zu sein. Soldatinnen und Soldaten der Bundesrepublik sind in Afghanistan im Einsatz, wir haben Tote zu beklagen und stehen vor der Situation, uns dringend mit den posttraumatischen Störungen auseinanderzusetzen, unter denen Menschen leiden, die solche kriegsähnlichen Situationen erleben. Die Welt hat es dringend nötig, dass wir über Friedensarbeit nachdenken, die Vorgänge in Kundus, die getöteten Zivilisten machen das überdeutlich.

In der Bundesrepublik waren und sind gerade auch die Evangelischen Kirchentage wichtige Orte, um sich über diese Fragen zu verständigen. Besonders im Gedächtnis ist vielen der hannoversche Kirchentag von 1983, wo zehntausende Menschen mit lila Tüchern für ein »Nein ohne jedes Ja zu Massenvernichtungsmitteln« demonstrierten. Daran erinnere ich mich gut und ich habe mich später im Ökumenischen Rat der Kirchen intensiv für den konziliaren Prozess für Gerechtigkeit, Frieden und die Bewahrung der Schöpfung eingesetzt. Leider hat die Weltversammlung in Seoul 1990 zu diesem Thema keinen wirklichen Durchbruch gebracht; darauf hatte ich – nicht allein – gehofft. Noch immer gibt es viele in den Kirchen, die Krieg als »ultima ratio« bejahen. Ich persönlich kann das nicht, wenn ich die Bibel lese. Für ein kleines Buch zur ökumenischen Dekade »Gewalt überwinden« habe ich mich mit den einzelnen Bibelstellen noch einmal beschäftigt. Mein Fazit war und ist: »Der Ruf Jesu nach Gewaltfreiheit kann nicht in Frage gestellt werden. Für Christinnen und Christen, die sich auf biblische Quellen beziehen, gibt es keine Rechtfertigung der Gewalt.«*

Dabei sehe ich durchaus, dass auch Christen in der Bundeswehr sind. Sie übernehmen die Rolle der Verteidigung und ich kenne viele, die das verantwortlich reflektieren. Ich bin auch dafür, dass sie an ihren Standorten und bei Auslandseinsätzen von einem Pastor begleitet werden. Das sehe ich nicht als Widerspruch. Ein Christ in der Bundeswehr darf aber seine persönliche Verantwortung vor Gott nicht ablegen. So war beispielsweise in der Synode der Evangelischen Kirche in Deutschland ein Offizier, der das in seinen Diskussionsbeiträgen für mich exemplarisch belegt hat. Oder: Ein Pastor, der in meiner Lan-

* Margot Käßmann, Gewalt überwinden, Hannover 2000 (2. Aufl.), S. 53.

deskirche am Standort Munster gebeten wird, einen Fürbittegottesdienst für die Familien der Soldatinnen und Soldaten, die nach Afghanistan ausreisen, zu halten, segnet damit nicht Kriege oder Waffen, sondern ist für die Menschen mit ihren Fragen und Ängsten da. Das ist die Rolle der Kirche.

Aufgrund meiner persönlichen Grundüberzeugungen habe ich mich vor einiger Zeit bereit erklärt, ehrenamtlich Präsidentin der Zentralstelle für Recht und Schutz der Kriegsdienstverweigerer aus Gewissensgründen zu werden, als ich darum gebeten wurde. Das hat mich mitten in die Diskussionen um die Abschaffung des Wehrdienstes hineingebracht. Zunächst ist mir wichtig, festzuhalten, dass nun nicht mit dem Zivildienst für den Erhalt der Wehrpflicht argumentiert werden kann. Das ist doch geradezu absurd. Aufgrund der Schrecken des 2. Weltkrieges und der Nazidiktatur kam das Grundrecht auf Kriegsdienstverweigerung aus Gewissensgründen 1949 nahezu selbstverständlich als Artikel 4 Absatz 3 in das Grundgesetz der Bundesrepublik Deutschland. Die meisten Mitglieder des Parlamentarischen Rates werden 1949 kaum an die Wiederbewaffnung der Bundesrepublik Deutschland gedacht haben. Mit der Aufstellung der Bundeswehr und der Einführung der allgemeinen Wehrpflicht Mitte der 50er Jahre begann aber dann auch die Diskussion um die Kriegsdienstverweigerung. Kriegsdienstverweigerer wurden als Drückeberger gebrandmarkt. Am 10. April 1961 traten die ersten Kriegsdienstverweigerer ihren Ersatzdienst an. Mit 340 Dienstleistenden hat der Zivildienst damals in der Bundesrepublik Deutschland begonnen. Heute sind im Jahresdurchschnitt rund 65 000 im Dienst. Das Engagement der Zivis wird in der Gesellschaft hoch geschätzt. Der Zivildienst ist daher eine großartige Erfolgsgeschichte.

Je geringer aber die Zahl der jungen Männer wird, die zum Wehrdienst einberufen werden, desto weniger ist Wehrgerechtigkeit hergestellt. Deshalb ist ein Ende der Wehrpflicht mit der Verkleinerung der Bundeswehr einfach absehbar, und deshalb bereiten sich die sozialen Einrichtungen auf Alternativen vor. Ein so genanntes Pflichtjahr, wie Sie es vorschlagen, ist nicht durchführbar. Zum einen geht es ganz praktisch um die Zahlen: Wenn ein durchschnittlicher Jahrgang 800 000 junge Leute umfasst, dann brauchte es, selbst wenn 100 000 Wehrdienst leisten und weitere 100 000 aus gesundheitlichen oder anderen Gründen ausscheiden, circa 7,5 Milliarden Euro, um ein System zu erhalten, das die Vermittlung und Betreuung von 600 000 Menschen ermöglicht.

Aber es geht auch um inhaltliche Fragen. Was sollen zehn lustlose junge Leute, die nur nörgelnd herumstehen, in einem Altenheim? Das ist den hilfsbedürftigen Menschen schlicht nicht zuzumuten. Ein Zwangsdienst ist auch ungerecht für die jungen Frauen – noch immer leisten Frauen mehr als 90 Prozent der Pflege- und Erziehungsarbeit. Ihre soziale Pflicht tun sie wahrhaftig, finde ich. Und schließlich stehen Artikel 12 unserer Verfassung und Artikel 4 der Verfassung der EU einem Zwangsdienst im Wege.

Also müssen wir Freiwilligendienste aufbauen, das Freiwillige Soziale und Freiwillige Ökologische Jahr ausweiten. Und außerdem könnten nach Berechnungen des Diakonischen Werkes aus drei Zivi-Stellen zwei Arbeitsplätze etwa für Sozialhelfer werden.

Und die Bundeswehr, fragen Sie, ist da nicht die Gefahr, dass sie undemokratisch wird als Berufsarmee? Das denke ich nicht. Es wird weiterhin »lebenskundlichen Unterricht« geben; für viele wird die Armee eine Berufsperspektive sein, es wird weiterhin eine Vielfalt der Meinungen geben und unser Land wird die Armee nicht aus der Rechenschaftspflicht entlassen. Und da Sie schon mit den Weltkriegen argumentieren: Es waren auf deutscher Seite keine Berufs-, sondern Wehrpflichtarmeen, die da in den Krieg zogen.

Die viel entscheidendere Frage aber ist, was die Einsätze *out of area* bedeuten. Wird so Frieden geschaffen? Mich ärgert immer wieder, dass der US-Kongress bei einem Einsatz wie im Irakkrieg und der folgenden Stationierung 80 Milliarden Dollar freigibt. Für Deeskalationsmaßnahmen aber ist kein Geld da. Immer wieder scheint die Weltgemeinschaft bereit, ungeheure Summen in den Krieg zu investieren, aber nicht in den Frieden. Schon früh wurde beispielsweise gewarnt, was in Jugoslawien nach Tito geschehen würde, welches Pulverfass der Kosovo darstellt. Aber niemand hat Friedensinitiativen dorthin entsandt, Menschen, die etwas von Mediation verstehen, Konfliktmanager. Erst als das Morden über die Bildschirme zu uns kam, wurde in großer Betroffenheit nach Militär gerufen. Wirklicher Frieden entsteht aber so auch nicht, das sehen wir doch täglich an den Berichten aus dem Irak und Afghanistan.

Ich will zwei weitere Beispiele nennen: Kolumbien und den Sudan. Das sind zwei völlig verschiedene Länder. In beiden aber schwelt seit Jahren ein grausamer Konflikt, der Hunderte von Zivilisten das Leben kostet. Niemand mischt sich ein, niemand investiert in Konfliktbewältigung. Wenn aber der gärende Konflikt explodiert, dann wird auch dort ganz schnell nach Armeen gerufen werden. Mich ärgert einfach, dass es keine Bereitschaft gibt, Geld, Zeit, Kraft und Kreativität in Konfliktlösungen zu investieren, bevor Konflikte so massiv aufbrechen, dass offenbar ohne Waffen nichts mehr zu machen ist. Und ich bezweifle, dass Waffen wirklich Frieden schaffen. Ja, Sie werden jetzt gleich die Alliierten als Beispiel bringen. Frieden haben sie aber bei weitem nicht allen gebracht. Wer östlich des Eisernen Vorhangs lebte, konnte ein Lied davon singen – in Ungarn und der Tschechoslowakei und der DDR. Der heiße Krieg war zu Ende, der Konflikt ging als kalter Krieg weiter. Und er wurde als heißer exportiert: nach Angola beispielsweise …

Vielleicht muss wirklich erst die Friedenssehnsucht größer werden. Diejenigen, die für den Frieden beten, werden ja immer etwas belächelt oder gar lächerlich gemacht. Das sind dann die »Naiven«, die mit Kerzen gegen Panzer vorgehen wollen, während die anderen ach so realpolitisch sind.

Doch da gibt es nun in der jüngeren deutschen Geschichte ein wunderbares Gegenbeispiel. Ich bin immer noch bewegt davon, dass der Ruf »keine Gewalt« 1989 aus den Kirchen auf die Straßen getragen wurde in Leipzig und in Ostberlin und an so vielen anderen Orten. Die Leipziger Nikolaikirche wurde ja so etwas wie ein Symbol dafür. Und dort beten sie bis heute weiter jeden Montag, mal mit einer Hand voll Menschen, mal in einer vollen Kirche, mal hämisch kommentiert, mal voller Bewunderung genannt. Das ist der lange Atem des Glaubens, dass die Welt sich verändern kann ohne Waffen.

Ich habe in Belfast und in Johannesburg, in Argentinien (bei den Müttern von der *Plaza de Mayo*) und in Indien Menschen kennen gelernt, die mit friedlichen Mitteln an der Lösung von Konflikten aktiv arbeiten. Sie haben meinen hohen Respekt und ich traue ihnen zu, langfristigere Perspektiven zu schaffen, als Armeen das können. Für diese Überzeugung werde ich immer mal wieder verspottet. Aber ich sehe nur diesen Weg, wenn wir Hass und Gewalt überwinden wollen. Dass es in unserer Kirche andere Positionen gibt, das weiß ich! Der Streit um die Wahrheit, der bleibt eben gut evangelisch. Einfache Lösungen für die Friedensfrage gibt es nicht. Aber die Hoffnung auf Frieden wach halten, das ist die allererste und gemeinsame Aufgabe, wie wir dann auch argumentieren.

In diesem Sinne grüße ich Sie herzlich,
Ihre
Margot Käßmann

Verlust und Einsamkeit ertragen

Liebe Frau Richter,

Sie haben mit Ihrem Brief an mich mehrere Themen angeschnitten. Ich will versuchen, nacheinander darauf einzugehen, sonst kommt zu vieles zusammen zu einem schier unentwirrbaren Problemknoten.

Da ist zuallererst der Verlust Ihres Mannes, den Sie zu verkraften haben. Wenn zwei Menschen so viele Jahre miteinander verlebt haben, dann ist das ganz gewiss ein Riss im Leben, ein tiefer Schmerz. Ich finde, Sie müssen sich nicht schämen, wenn Sie mit ihm reden. Das ist ja eine Beziehung, die Sie über dreißig Jahre gelebt haben und die wohl auch über den Tod hinweg andauert. So wie ich Sie verstehe, haben Sie das mit Ihrem Mann ja auch alles besprechen können.

Ich finde es schön, dass Sie nun die Briefe und die Fotos sortieren. Das sind besondere Erinnerungen. Ich selbst habe lange gewusst, dass bei uns im Keller ein seit vielen Jahren nicht ausgepackter Umzugskarton liegt, in dem Briefe meines Vaters, meiner Mutter, meiner Großmutter lagen. Zum Öffnen und Sortieren war in der Regel keine Zeit, die Kiste wurde von Umzug zu Umzug mitgeschleppt. Und dann habe ich mir an einem verregneten Urlaubstag Zeit genommen, die Kiste zu öffnen und die Briefe zu sortieren. Vieles kam zutage, an was ich mich gar nicht mehr erinnert habe. Mein Gedächtnis wurde richtig zurechtgerückt. Und die Verstorbenen waren auf einmal ganz neu präsent. Das hat mich sehr bewegt. Ich habe mich auch gefragt: Was lasse ich eigentlich zurück? Die SMS wird nach einiger Zeit gelöscht, die Mail auch. Briefe schreibe ich immer seltener. So ist die rasche, »unkörperliche«

elektronische Kommunikation auch ein richtiger Verlust an Kultur, an Erinnerungskultur, an Beziehung … Deshalb finde ich es auch großartig, dass Sie sich so fest vorgenommen haben, Ihren Nichten und Neffen sowie den Patenkindern einmal im Jahr einen ausführlichen Brief zum Geburtstag zu schreiben. Das ist schon etwas Besonderes, was sie sicher auch schätzen werden. Kollektive Weihnachtsbriefe über mehrere Seiten können das nicht ersetzen. Wenn jemand mir handschriftlich schreibt, meint er oder sie eben mich, ganz persönlich. Da waren Zeit und Gedanken ganz bei mir, ohne Hektik, ein Geschenk sozusagen, das wir lange behalten dürfen.

Was mich sehr berührt hat, war, dass mit dem Tod Ihres Mannes plötzlich die Trauer über den Verlust Ihres Kindes in der Schwangerschaft vor vielen Jahren aufgebrochen ist. Das ist ein ganz eigenes Thema – Sie konnten damals nicht richtig trauern und nun sind Erinnerung und Schmerz wieder da. Sie waren schon im siebten Monat schwanger, schreiben Sie, und vielleicht hätte die Neonatalmedizin Ihr Kind heute retten können. Allerdings, liebe Frau Richter, ist auch nicht immer ganz klar, um welchen Preis das geschieht. Es gibt viele Kinder, die bleibende Schäden von einer Frühgeburt davontragen. Viele werden mehrfach reanimiert, das ist so, als ob Sterbende ständig am Sterben gehindert werden … Ich selbst habe da ambivalente Gefühle. Einerseits finde ich es großartig, dass die »Frühchen« eine Lebenschance haben. Andererseits denke ich: Wenn eine Schwangerschaft zu früh endet, gibt es vielleicht auch Gründe. Für die Ärztinnen und Ärzte sind das ethisch ganz gravierende Fragestellungen, sie müssen oft ganz schnell entscheiden.

Am schlimmsten für Sie war und ist aber ja, dass Sie um dieses Kind gar nicht trauern konnten. Eine Fehlgeburt wurde einfach wie eine Krankheit betrachtet. Sie sollten sich keine Vorwürfe machen, dass Sie nicht nach dem Kind gefragt haben. Es war damals nicht vorgesehen, tot geborene Kinder zu beerdigen, das ist ja erst in allerjüngster Zeit üblich geworden. Ich habe kürzlich erst den Brief einer jungen Frau erhalten, die ihr Kind in der Schwangerschaft verloren hat und der auf die Frage nach dem Leichnam eine Gewebeprobe im Reagenzglas überreicht wurde. Das ist entwürdigend und empörend, vor allem in einer Zeit, in der das Bewusstsein dafür steigt, was für einen Verlust das plötzliche Ende einer Schwangerschaft bedeutet. Das geht übrigens oft auch Frauen so, die abtreiben, vor allem aber Frauen, die auf dieses Kind gewartet, sich darauf gefreut haben.

Ein Kind zu verlieren, aus welchem Grund auch immer, und ganz gleich, zu welchem Zeitpunkt der Schwangerschaft, das geht an keiner Frau spurlos vorüber. Die Erinnerung wird das weitere Leben prägen und dieses Kind behält einen besonderen Platz im Herzen. Ich bin sehr froh, dass seit einiger Zeit Orte geschaffen werden, an denen um diese Kinder getrauert werden kann und wo manchmal auch die Kinder oder die Überreste Ruhe finden dürfen. (Ich habe selbst einmal ein Kind in der Schwangerschaft verloren und fand den Begriff »foetale Elemente«, den man für es hatte, so grausam!) Inzwischen gibt es in Hannover zum Beispiel einen Friedhof für fehlgeborene Kinder, eine Kindergedenkstätte. Die Trauer für ein totes Kind muss einen Ort haben! Das finde ich wichtig auch mit Blick auf das größere Thema Trauerkultur. Dieses ganze Theater etwa, das Herr von Hagens mit seinen plastinierten Leichen betreibt, halte ich für unwürdig. Es gibt eine eigene Würde der Toten und die Art, wie eine Gesellschaft mit ihren Verstorbenen umgeht, zeigt auch etwas über ihr Verhältnis zu den Lebenden, denke ich.

Eine Folge Ihrer Fehlgeburt war, dass Sie nie mehr Kinder bekommen konnten. Das muss eine entsetzliche Erkenntnis gewesen sein. Sie schreiben: »Mir bleibt niemand.«

Liebe Frau Richter, da will ich doch noch einmal nachfragen. Gibt es denn keine Freundinnen, Verwandte, liebe Menschen, die Ihnen ans Herz gewachsen sind? Von Nichten und Neffen schreiben Sie doch. Nahe Menschen, das müssen aber auch nicht immer Verwandte ersten Grades sein. Wir alle leben doch in Beziehungen. Und Kinder und Ehemänner sind nicht die einzig relevanten! Vielleicht gibt es mehr Menschen, denen Sie wichtig sind, als Sie denken …

Damit kommen wir zum dritten Thema: Sie überlegen nun, ob Sie nach Portugal übersiedeln, unter südlicher Sonne ginge es Ihnen vielleicht besser, hoffen Sie. Einerseits kann ich das gut verstehen. Ich liebe den Süden auch: Italien, Frankreich, Portugal und Spanien – da scheint die Sonne schon anders, das Leben scheint wärmer zu sein. In aller Ehrlichkeit will ich aber auch sagen, dass ich Zweifel habe, ob das Klima allein glücklich macht. Wo ich mich zugehörig fühle, das hat vor allem mit den Menschen zu tun, die in meinem Leben wichtig sind und auch mit Traditionen, Ritualen, die mir vertraut sind. Und die muss ich – nach einem Verlust, wie Sie ihn jetzt erlebt haben – vielleicht auch neu suchen oder von früher wieder finden. Da ist die Frage, ob das im Ausland wohl genauso gut gelingt wie zu Hause. Ich habe einige unserer Auslandsgemeinden besucht und da doch oft auch einsame Menschen getroffen. Da haben Menschen immer darauf hin gelebt, eines Tages im Warmen ihren Lebensabend sozusagen unter Zitronenbäumen zu verleben. Und dann sind sie da, auf Mallorca oder Ibiza oder Madeira, und müssen mit der Melancholie eines erfüllten Traumes leben. Es ist dann vielleicht einzig das Bewusstsein, dass es in München schneit oder in Hannover Nieselregen angesagt ist, das ein Gefühl der Befriedigung erzeugen kann. Ein Auslandspastor sagte mir einmal: »Wer in Deutschland unglücklich war, wird hier das eigene Glück auch nicht finden.« Das war mir sehr wichtig. Sie müssen überlegen, was Sie wollen, sollten sich realistisch ausmalen, wie Ihr Lebensabend aussehen soll. Da kann ein Umzug in den Süden eine gute Möglichkeit sein. Aber er wird die Frage der Einsamkeit nicht einfach schlagartig lösen.

Liebe Frau Richter, Sie wissen, dass ich gern lese. Mir ist neulich ein Buch in die Hände gekommen, bei dessen Lektüre ich laut gelacht habe: Es ist von Arto Paasilinna und trägt den merkwürdigen Titel »Der wunderbare Massenselbstmord«*. Da treffen sich nachts zwei Männer in einer Scheune. Der eine will sich erschießen, der andere will sich erhängen. Sie stören sich gegenseitig bei ihrem Tun und beginnen, miteinander zu reden. Dabei kommt ihnen der Gedanke, dass wohl viele in ihrer Situation sind. Sie geben eine Anzeige auf, um nach den Gesinnungsgenossinnen und -genossen zu suchen. 612 Antworten erhalten sie und gründen den Club der »Anonymen Sterblichen«. Schließlich fährt eine Gruppe von ihnen mit dem Bus vom Nordkap bis nach Südeuropa, immer auf der Suche nach einem passenden Ort zum Massenselbstmord. Aber immer kommt etwas dazwischen und immer wieder springen einzelne ab, weil sie neuen Sinn finden. Einer verliebt sich, beim anderen stirbt die Mutter und er ist endlich frei. Es ist schon so, dass einige auch sterben. Aber die Sehnsucht nach Leben, nach erfülltem Leben durch Beziehung, die durchzieht dieses Buch. Übereinstimmend stellen die Selbstmörder schließlich fest, »dass der Tod zwar das Allerwichtigste in diesem Leben war, aber gar so wichtig wiederum auch nicht.«** Das ist eine vergnügliche und nachdenkliche Lektüre zugleich, die helfen kann über den Sinn und die eigene Perspektive im Leben nachzudenken.

* Arto Paasilinna, Der wunderbare Massenselbstmord, Bergisch Gladbach 2002.

** Ebd., S. 270.

Ich verstehe, wie schwer die Einsamkeit für Sie ist, wie sich der Verlust Ihres Mann mit dem Ihres Kindes vor vielen Jahren in diesen Monaten zu einem großen Lebensschmerz vermischt. Das muss erst mal ausgehalten werden. Und das braucht seine Zeit. Doch ich finde es gut, dass Sie dabei Pläne machen, wie es weitergeht, dass der Süden vielleicht eine Perspektive ist. Ich wünsche Ihnen von Herzen, dass das Leben für Sie auch über den Verlust hinaus Sinn macht. Zum anderen hoffe ich, dass Sie Menschen entdecken, ob in der Nähe oder der Ferne, mit denen Sie auch neu Beziehung wagen in der Gegenwart. Das Vergangene ist vergangen – wir dürfen uns dankbar oder auch mit Schmerzen und Kummer erinnern. Narben gehören ja zum Leben dazu. Wir können nicht ganz unversehrt bleiben.

Ich lege Ihnen eine CD bei, eine Ballade von Joni Mitchell. Ein bisschen angestaubt schon, aber was ist das für ein wunderbares Lied: »From both sides«. Es geht um die Wolken, die Liebe und das Leben, die sie je von verschiedener Seite gesehen hat. Und dann kommt die Zeile: »Something's lost but something's gained by living every day.« Das ist ein guter Satz, finde ich. Du verlierst etwas, aber du gewinnst auch etwas im täglichen Leben. Etwas, ja viel geht verloren, wenn der Partner stirbt. Dass aber etwas auch gewonnen wird, während wir Tag für Tag leben, das merken wir vielleicht erst allmählich. Wir verlieren – unter anderem – vielleicht Spontaneität, vielleicht Naivität, und das tut weh. Aber wir gewinnen auch Liebe, Tiefe, Erfahrung, Gelassenheit. »I really don't know life at all« – ich kenne das Leben überhaupt nicht, das ist die Stimme der Erfahrung. Und das hat doch auch etwas für sich. Das spricht für Neugier, für Offenheit, für Überraschungen. Das Zukünftige können wir Gott anvertrauen. Aber in der Gegenwart sollten wir rechenschaftspflichtig leben, das Leben auch genießen, dem Leben vertrauen. Schmerz macht auch empfindsam. Und vielleicht spüren wir dann: Es gibt immer die Chance, glücklich zu sein. Für einen Moment, eine kleine Weile, einen Atemzug oder auch länger …

Ich wünsche Ihnen von Herzen einen Hauch von Glücksgefühl!

Ihre
Margot Käßmann

Vergeben können

Lieber Herr Saager,

Schuld und Vergebung, das ginge nicht so leicht, schreiben Sie, wie ich es mir bei der Aussegnung Ihres Kollegen gemacht hätte, bei diesem Abschied von den Toten, bei dem ich die Worte gesprochen habe, die Teil einer sehr alten liturgischen Formel sind: »Wer ihm etwas schuldig geblieben ist an Liebe in Worten und Taten, bitte Gott um Vergebung. Und wem er weh getan haben sollte, verzeihe ihm, wie Gott uns vergibt, wenn wir ihn darum bitten.«

Wenn Sie diese Worte nun noch einmal lesen, erinnern Sie sich vielleicht – von Leichtigkeit ist nicht die Rede. Diese Worte enthalten für mich eine tiefe Weisheit und sind eine befreiende Weise, von den Toten Abschied zu nehmen. Da wird nicht geleugnet, dass das Leben oft unvollkommen bleibt, dass Menschen aneinander schuldig werden und über den Tod hinaus schuldig bleiben. Doch es wird gesagt, dass es Vergebung geben kann – und vielleicht geben muss, um ein freier Mensch zu sein.

Nun sagen Sie, es gebe für Sie einen Menschen, bei dem sei das Thema Vergebung für Sie erledigt. Es ist Ihr Bruder. Selbst wenn er da im Grab läge, würden Sie ihm nicht verzeihen. Er hat Sie vor mehr als zehn Jahren nicht nur finanziell übers Ohr gehauen, sondern auch seelisch gekränkt, verletzt und vor allem abgrundtief enttäuscht. Das will ich gar nicht in Frage stellen. Geschwister kennen einander so gut wie sonst kaum jemand, sie sind zusammen aufgewachsen, haben einander vom Kind zum Erwachsenen werden sehen, Höhen und Tiefen erlebt, die Eltern miteinander geteilt. Geschwister können einander sehr nahe sein und sie können einander umso tiefer verletzen.

Lassen Sie mich dazu zunächst sagen: Vergebung ist schwer, das ist gar keine Frage. Gerade da, wo es um fundamentale Fragen im Leben, ja um Leben und Tod geht, ist Vergebung geradezu ein Kraftakt. Ich denke etwa an Südafrika, wo Vergeben ein Thema der gesamten Gesellschaft ist. Dort gab es eine Wahrheits- und Versöhnungskommission, die darum gerungen hat, das Leid, das in der Zeit der Apartheid so viele Leben zerstört hat, aufzuarbeiten. Dabei wurde deutlich: Wenn Vergebung möglich werden soll, müssen die Opfer gehört werden und die Täter Schuld bekennen. Alles andere wären oberflächliche Harmonieversuche, wäre eine billige Vergebung. Der Prozess, der in Südafrika erfolgte, war bei weitem nicht ausreichend und angemessen. Viele Opfer konnten ihre Geschichte nicht erzählen. Aber es war doch ein Versuch, Versöhnung möglich zu machen, damit Zusammenleben neu möglich wird. Was ganz unübersehbar deutlich wurde: Nicht zu vergeben belastet alle Seiten. Auch der, der nicht vergeben kann, erfährt Unfreiheit.

Mir scheint, dass Sie das vielleicht auch gerade erfahren – Sie schildern eine Situation, die Lust am Leben, Freude am Dasein, Leichtigkeit des Seins verhindert. Allein, dass der unbewältigte Streit mit Ihrem Bruder Sie so beschäftigt, zeigt ja auch, wie sehr Sie das belastet, wie sehr es Sie umtreibt. Indem Sie hadern mit dem, was war, sind Sie völlig gefangen in Fragen, die einen zur Verzweiflung bringen können: was wäre gewesen, wenn – was hätte sein können, damit … – Aber, Herr Saager, das Leben verläuft eben nicht so glatt, wie Sie es sich, wie wir alle es uns vielleicht wünschen. Für niemanden, auch nicht für Sie. Das Leben kann unfair sein. Das Leben ist kein Vertrag, den wir abschließen und den dann jemand zu erfüllen hat. Und nie gibt es die strahlenden und unangefochtenen

Gewinner und die Unschuldigen hier und die »Looser« und Versager dort. Wir alle werden an anderen schuldig. Nicht nur Ihr Bruder an Ihnen, auch Sie an anderen, vielleicht auch an ihm. Wenn Sie anderes behaupten, dann ist das selbstgerecht, ja arrogant.

Niemand ist perfekt; es gibt kein Leben ohne Brüche. Wir werden schuldig an uns und vor allem an anderen, unbewusst, aber auch bewusst. Und nicht zuletzt werden wir an denen schuldig, die in weniger gesicherten Verhältnissen leben als wir … Nicht umsonst heißt es im Vaterunser: »Und vergib uns unsere Schuld wie auch wir vergeben unseren Schuldigern.« Wir brauchen Vergebung und wir sollten Vergebung lernen, um in Freiheit leben zu können. Würden Sie überhaupt so ein glattes Leben wollen? Ist das eigentlich erstrebenswert? Ist es nicht vielleicht so, dass wir erst in Konflikten, Auseinandersetzungen, dem Ringen um Gut und Böse im Leben reifen, intensiv erfahren, was es heißt, zu leben?

Vor einigen Jahren habe ich an einer Talkshow teilgenommen, in der es um Schuld und Vergebung ging. Am meisten beeindruckt hat mich ein Mann Anfang 40, der 20 Jahre zuvor seine Freundin in einem Anfall wahnsinniger Eifersucht ermordet hatte. Er hatte fast 15 Jahre im Gefängnis gesessen. Am Anfang war ich fast gehemmt – ein Mörder. Auch war die Frage da: Warum gibt es immer ein solches Interesse an den Tätern und so wenig Interesse an den Opfern? Im Verlauf der Begegnung dann wurde mir fast erschreckend deutlich: Das ist ein Mensch wie du und ich. Es kann Verkettungen, Verquickungen, schicksalhafte Begegnungen, grundlegende spontane Fehler im Leben geben, die vollkommen unumkehrbar sind und dich für immer beeinträchtigen. Im Gefängnis hat dieser Mann zum Glauben gefunden. Er hat gelernt, zu seiner Tat zu stehen. Er sagte, anfangs konnte er sich im Gefängnis im Spiegel nicht ansehen. Und dann habe ihm ein Pastor gesagt: Auch du bist Ebenbild Gottes. An diesem Satz habe er lange genagt und schließlich angefangen, sich selbst wieder anzusehen; sich nicht nur zu verabscheuen, sondern irgendwann auch über sich selbst zu weinen. Er hat dann Kontakt zu den Eltern der Freundin gesucht, Schuld bekannt. Später hat er geheiratet und Kinder bekommen, und er engagiert sich heute in einer Organisation, die Tätern hilft, offen mit der Tat zu leben. Mich hat diese Begegnung sehr beschäftigt. Was ist mit den Tätern? Ich weiß wohl, die Opfer leiden darunter, dass die Täter oft so sehr im Mittelpunkt stehen. Aber bekommen auch Täter wirklich eine neue Chance? Oder sind sie für immer stigmatisiert, abgeschrieben? Müssen wir ihnen nicht doch auch die Hand ausstrecken …

Das ist nicht leicht zu akzeptieren – vor allem für die Opfer! In derselben Sendung war eine Frau, deren kleiner Sohn durch einen tragischen Unfall an seinem Geburtstag vom Vater seines besten Freundes getötet wurde – als der rückwärts ausparkte und das Kind nicht sah, nicht sehen konnte. Ihr blieb die Vergebung im Halse, oder eher im Herzen stecken. Ich konnte das nachvollziehen; aber ich hatte auch das tiefe Empfinden, dass sie weniger frei war als jener Mann, der damit leben musste, dass er einer jungen Frau das Leben genommen hatte.

Wie sollte es anders sein: Mir fallen auch viele biblische Geschichten ein. Das ist für mich einfach so faszinierend, dass die Bibel elementare Lebensgeschichten erzählt, die heute genauso viel mit der Wirklichkeit zu tun haben wie vor 2000 oder 3000 Jahren. Denken wir nur an Kain, der mit dem Mal leben muss, das ihn als Mörder kenntlich macht. Und doch sagt Gott: Niemand darf Hand an ihn legen. Das ist ein uraltes Plädoyer gegen die Todesstrafe …

Bei Ihnen und Ihrem Bruder fielen mir natürlich Jakob und Esau ein. Was für eine Geschichte! Da stiehlt einer dem anderen den Segen, die Glücksverheißung vom Vater, die es nur einmal gibt – obwohl sie doch Zwillinge sind. Näher können zwei Menschen einander wohl kaum kommen. Jakob flieht, und viele Jahre sehen sie sich nicht. Als Jakob zurückkommt, ein alter Mann, hat er Angst vor der Begegnung. Er befürchtet das Schlimmste. Und dann heißt es: »Esau aber lief ihm entgegen und herzte ihn und fiel ihm um den Hals und küsste ihn, und sie weinten.« (Genesis/ 1. Mose 33,5) Dieser Vers hat mich schon immer sehr berührt. In dieser Vergebung, in dieser Geste voller Liebe und Großzügigkeit, liegt eine ungeheure Befreiung, die man bis heute spürt, wenn man diesen Text liest.

Lieber Herr Saager, das Leben ist nicht immer glatt. Es ist nicht immer fair. Da gibt es Verwundungen und Schmerzen. Sie haben nur diesen einen Bruder. Er ist Ihre Familie – Ihre Eltern sind tot. Mit ihm teilen Sie kostbare Erinnerungen, gute und schlechte. Schneiden Sie diesen Teil Ihrer Lebensgeschichte nicht ab. Es ist entsetzlich, wenn Familien unter dem Fluch unbewältigter Streitigkeiten leben, darunter können noch einige Generationen leiden. Wir nehmen ungelöste Beziehungskonflikte von Geschwistern, Eltern und Kindern, Freundinnen und Freunden ein ganzes Leben lang mit in unserer Biografie.

So kommt es zu ungelebtem Leben, zu Leben, das sich zerfressen und zernagen lässt von Neid, Eifersucht, Hass. Wenn wir mit verpassten Chancen und in Bitterkeit leben, wenn wir hadern mit dem, was war, und die verachten, die uns verletzt haben, fügen wir unserem eigenen Leben Schaden zu. Nachtragende Menschen haben oft heruntergezogene Mundwinkel. Die Liebe und die Vergebung ziehen die Mundwinkel hoch, sie machen liebenswert und lebenslustig …

Ich weiß, Ihre Fragen sind ungeheuer ernst. Aber lassen Sie mich eine eher humorvolle Geschichte zum Thema erzählen.

Anfang März mailte mir ein NDR-Redakteur. Er sollte auf der Cebit bei der Firma Alcatel Pokale für besondere Leistungen überreichen – eine größere Sache, wichtige Leute, Auszeichnungen, Reden, Presse und so weiter. Ursprünglich war diese Verleihung exakt einen Monat zuvor geplant gewesen. Alle waren da, im schwarzen Anzug, festlich, freundlich, erwartungsvoll – aber: Es fehlten die Pokale. Eine junge Mitarbeiterin hatte den Auftrag erhalten, sie zu bestellen, sie hatte sich aber einfach im Monat vertan. Und nun waren sie noch nicht da. Sie stehe nun unter dem Damoklesschwert der Kündigung, schrieb der Redakteur, aber wenn ich als Bischöfin käme und ein paar Worte zum Thema Vergebung sagen würde … Ich konnte nicht widerstehen und bin also an einem Samstagmittag hier in Hannover von meiner Kanzlei zur Cebit gegangen und habe dort etwas über die Kraft der Vergebung und die Freisetzung von neuer Energie gesagt, darüber, dass alle Menschen Fehler machen und Vergebung brauchen (und dass in einer so großen Firma auch Humor herrschen sollte!). Es ging alles gut aus – und es war doch interessant, dass den Menschen in einem solchen Fall die Kirche in den Sinn kommt. Vergebung ist eben etwas Existenzielles, Fundamentales, eine urmenschliche Frage.

Lieber Herr Saager: Sie sind verletzt, tief enttäuscht, betrogen. Und doch und gerade deshalb wünsche ich Ihnen die Freiheit, zu vergeben, neu die Hand auszustrecken. Ja, es kann sein, dass sie ausgeschlagen wird. Aber diese Verletzbarkeit ist eben auch Teil des Lebens und der eigenen Lebendigkeit. Es braucht viel Mut dazu und viel Großmut. Aber es bringt Freiheit.

Mit allen guten Wünschen,
Ihre Margot Käßmann

Aneinander (ver-)zweifeln

Liebe Monika,

Du sagst, du kannst einfach nicht mehr, ausbrechen willst du aus diesem ganzen Alltagstrott, aus einer Beziehung, die sich jetzt so ganz anders anfühlt als am Anfang. Du freust dich nicht mehr, wenn Jürgen nach Hause kommt und bist eigentlich ganz froh, wenn er mal wieder auf Geschäftsreise ist. Dann kannst du allein mit den Kindern schalten und walten, fühlst dich freier, auch unkontrollierter. Irgendwie ist die Liebe auf der Strecke geblieben, sagst du, das Leben mit den Kindern, die Sorge um das, was nun mal notwendig ist, der Alltag, in dem man vor allem funktionieren muss, in dem man sich nur sieht, wenn man noch oder wieder einfach nur müde ist, hat die Liebe verschluckt. Ihr habt auch keine Lust mehr, miteinander zu schlafen, hast du beim Essen letzte Woche erzählt, eure Ehe ist eine Art Dauerroutine – in Grau.

Mir ist das immer wieder durch den Kopf gegangen. Einerseits habe ich gespürt, wie mürbe du bist, wie müde und abgestumpft. Du kommst mir eigentlich weniger verletzt vor als erschöpft. Und andererseits konnte ich nicht mehr tun als zuhören. Eine schnelle Lösung weiß ich nämlich nicht, und ich muss auch ehrlich sagen, dass mir die üblichen Tipps aus Frauenzeitschriften – »Machen Sie sich schön für ihn«, »Einander verwöhnen mit einem tollen Essen«, »Neue Dessous – neuer Kick«, »Das Fünf-Sterne-Wochenende zu zweit« – immer etwas gequält erscheinen. So einfach ist die Sache nicht, dass sie durch ein bisschen Glanz geheilt wäre.

Was ihr erlebt, ist nicht außergewöhnlich, das muss ich dir so knallhart sagen. Da verlieben sich zwei Menschen und wollen ein Leben lang zusammen bleiben – das ist wunderbar! Alle freuen sich mit bei der Hochzeit. Und wenn dann bald auch ein Kind kommt, erfüllt sich damit sozusagen die Vorstellung vom vollkommenen Glück, und noch ein zweites: Das macht die Familie komplett. Aber da ist eben der Alltag. Jemand muss das Geld verdienen. Ein Kind ist nicht 24 Stunden lang niedlich, es hat eigene Ansprüche und Bedürfnisse, schreit nach einem nicht vorhersehbaren Rhythmus. Über der alltäglichen Anstrengung wird aus dem Traumpaar ein erschöpftes Elternpaar, werden die Wunschkinder zur Anstrengung, und irgendwann lösen sich die bunten Farben des Glücks auf und es bleibt Grau zurück. Kaum mehr ein Lächeln beim Abschied oder Nach-Hause-Kommen, genervte, gleichgültige, unfrohe Blicke. Ja, es tut weh, das so deutlich zu sagen, aber es ist an vielen Orten Wirklichkeit. Und es wäre falsch, das zu verleugnen und Idealbilder zu malen, denen niemand wirklich standhalten kann.

Was war früher wohl anders? Gut, da gab es eine Unausweichlichkeit, wenn zwei geheiratet hatten, Scheidung kam noch nicht einmal als Möglichkeit in Betracht, beide haben sich irgendwie arrangiert, oft auch müde und zermürbt abgefunden, weil es halt so war. Ich werde jetzt nicht sagen, das war besser. Ich sehe ja immer wieder beides: Ehen, die wirklich glücklich und zufrieden scheinen nach vielen Jahren, wenn ich etwa eine Urkunde zum Ehejubiläum schicke und darauf eine Antwort bekomme, die den Dank für so viel Gemeinsames nach vielen Jahren ganz lebendig spüren lässt. Und dann sind da Ehepaare, die schon an kleinen zynischen Bemerkungen, an heruntergezogenen Mundwinkeln ahnen lassen, wie viel Enttäuschung und Verletzung da ist.

In dem Roman »Das Vermächtnis der Eszter« beschreibt der ungarische Autor Sándor Márai die Verbindung zweier Menschen, die nicht geheiratet haben. Weil Eszters Schwester die Briefe von Lajos unterschlug, ahnte sie nicht, dass er sie heiraten wollte – und er nicht, dass sie ihn unendlich liebte. Beide haben nicht gewagt zu sagen, was sie wirklich fühlten. Und später, nach 20 Jahren, fordert Lajos von Eszter auch noch das kleine Stück eigenes Leben ein, das sie sich errungen hat, weil er meint, sie beide seien nun einmal sozusagen schicksalhaft miteinander verbunden. Für Eszter ist das die Zerstörung ihres Lebens, aber sie akzeptiert es.

Der Roman hat mich einerseits traurig gemacht über so viel zerstörtes Leben. Lajos selbst sagt, er habe aus dem Leben nicht das gemacht, was es hätte werden können. Bei Eszter ist das ganz offensichtlich. Aber andererseits frage ich mich auch: Müssen sich zwei Menschen wirklich so aneinander binden? Wie ist das da mit dem großen Gedanken der Freiheit, der gerade auch den Protestantismus so sehr prägt? Und was wird aus der Individualität des Menschen?

Ganz offen will ich dir sagen, dass ich an die eine große Liebe nicht glaube. Die wird ja weiterhin grenzenlos romantisiert – und zwar verlogenerweise oft von eben den Fernsehsendern, die geradezu lustvoll und ausführlich über den *one-night-stand* von Britney Spears berichten – »zum Pech für sie und zum Glück für uns«.

Wenn zwei Menschen sich entschließen, zusammenbleiben zu wollen, sollten sie das nicht tun, ohne sich zu lieben. Doch ich denke auch, sie sollten gut überlegen, mit welcher Art Partner oder Partnerin sie langfristig leben wollen. Sie sollten sozusagen einen Gefährten oder eine Gefährtin der Seele suchen. Wenn es die eine liebt, in Ruhe auf dem Sofa zu liegen, Bücher zu lesen, spazieren zu gehen, stundenlang Musik zu hören, dann kann es vielleicht kurzfristig spannend sein, wenn der andere ständig aktiv ist, gern oft ausgeht, drei Sportarten treibt und den Urlaub in großer Clique liebt. Aber langfristig wird das nicht gut gehen. Eine ältere Frau gab mir, als ich zwanzig war, einmal den Ratschlag: Sieh dir seine Eltern an, wenn du ihn kennen willst. Damals habe ich gelacht: Mir ging es doch um den Mann und nicht um die Eltern. Aber sie hatte so unrecht nicht! Unsere Eltern prägen uns ja tief. Und manches, was wir an ihnen sehen, selbst wenn wir es nicht mögen, kann bei uns an die Oberfläche kommen.

Wir echauffieren uns ja heute gern über arrangierte Ehen und wie furchtbar das war oder ist, wo es noch praktiziert wird. Ich bin da in letzter Zeit zurückhaltender geworden. Nicht, dass ich meine, die Eltern sollten die Ehepartner aussuchen, versteh mich nicht falsch! Aber mir ist heute bewusster, dass eben auch gemeinsame Interessen, Milieus, Lebensformen, Traditionen, Werte, religiöse Überzeugungen, kulturelle Gewohnheiten ein Band, eine Verbindung stärken können, vor allem, wenn eine Beziehung in die Krise gerät.

Das war nun ein eher grundsätzliches Philosophieren über Partnerschaft als Überlegungen zu deiner konkreten Situation. Vielleicht liegt es daran, dass ich mir nicht sicher bin, was ich dir raten soll. Eines ist mir sehr deutlich: Die Kinder zählen zuerst. Ich habe oft gesehen, was eine Scheidung bedeutet. Selbst in den Fällen, in denen sich beide Elternteile redlich und bewundernswert bemühen, ein für die Kinder gutes Arrangement zu finden, sind sie belastet von der Trennung der Eltern.

Du sagst, du würdest am liebsten völlig neu anfangen. Ja, das ist verständlich. Dieser große Wunsch, das Gefühl, gefangen zu sein wie in einem Hamsterrad, hinter sich zu lassen. Der Alltag, das Hamsterrad: Das ist ja das Sinnbild einer völlig sinnlosen Anstrengung. Aber ich bin auch überzeugt: Völlig neu anfangen können wir einfach nicht. Wir bleiben wir selbst und nehmen uns und unsere Geschichte immer mit in den nächsten Lebensabschnitt.

Was du gar nicht gesagt hast: Wie fühlt sich eigentlich Jürgen? Merkt er, wie es dir geht, spürt er selbst auch diese Entfremdung? Oder ist er völlig ahnungslos, ist für ihn alles in Ordnung so, wie es ist?

Ach, Monika, du merkst, ich kann dir nicht so leichten Herzens raten. Ich selbst würde in deiner Situation die Kinder an allererste Stelle setzen. Was ist das Richtige für sie? Und mit dieser ersten inneren Entscheidung könntest du ja überlegen, wie du eigene Freiräume findest, mehr Zufriedenheit in deinem Leben. Manchmal sind das ganz kleine Sachen; es hilft, sich nicht ständig um das zu drehen, was schwierig ist und sich nicht zu ändern scheint. Und wenn du dann fester stehst, ist es vielleicht auch möglich, dein Verhältnis zu Jürgen in Ruhe anzusehen. Dazu bist du nicht in der Lage, denke ich, solange du dich so eingeschlossen fühlst. Wenn es noch nicht der Fall ist: Jürgen muss wissen, wie du dich fühlst, worunter du leidest. Sagen können, wie es ihm geht. Und dann könntet ihr zwei überlegen. Seht ihr die Möglichkeit eines neuen Anfangs für euch beide, wollt ihr investieren in eine neue Chance als Paar? Da gibt es Möglichkeiten, Angebote, Therapien. Findet ihr ein Arrangement, mit dem ihr beide leben könnt, den Kindern zuliebe, aber ohne Zwang, ohne Druck, lebbar für euch? Oder schließlich, als letzte Möglichkeit: Wollt ihr euch trennen, den berühmten »ganz neuen Anfang« suchen? Du weißt, ich bin skeptisch, was die letzte Option angeht. Aber Dauerunglück kann nicht im Sinne des lieben Gottes sein.

Eins ist klar: Du kannst Jürgen aus deinem Leben genauso wenig tilgen wie Eszter in dem Roman ihren Lajos. Also musst du genau überlegen, was jetzt wichtig ist. Ich rate dir aus der Ferne dreierlei: Kämpfe um deine Ehe, achte auf eure Kinder und sorge für dich selbst. Zum ersten ist es wohl wichtig, sich erst einmal zusammenzusetzen. Du weißt doch gar nicht, ob Jürgen empfindet wie du. Vielleicht ist ein Spaziergang oder ein schönes Essen in Ruhe eine gute Gelegenheit, vielleicht schreibst du ihm auch einen Brief, wenn dir das leichter fällt, den er auf einer Dienstreise mit etwas Abstand und mehr Zeit lesen könnte. Du kannst am besten einschätzen, welcher Weg angemessen ist. Wahrscheinlich müsst ihr erst einmal hören lernen, wie ihr beide je für euch selbst die Situation erlebt. Wonach hast du Sehnsucht, wonach er, verbindet sie euch? Was vermisst ihr von dem, was früher war als Paar? Wollt ihr zusammen bleiben, gibt es eine Basis für euer »Projekt« Familie, gemeinsame Ziele und Hoffnungen? Wenn es die gibt, haltet sie fest, schreibt sie meinetwegen auf, formuliert sie in jedem Fall deutlich. Und dann solltet ihr überlegen, welche Bremsen und welche Höhepunkte und Ausblicke ihr im Alltag einbauen könnt, damit die Liebe nicht auf der Strecke bleibt. Und da sind dann jene Ratschläge von dem netten Wochenende zu zweit, dem Theaterabonnement, dem schönen Essen einmal im Monat gar nicht so schlecht. Eine andere Idee: Lest jeden Monat beide dasselbe Buch. Das gibt ganz neue Gesprächsmöglichkeiten und Entdeckungen. Ja, eine Ehe muss auch gepflegt werden. Und Pflege kostet Zeit, Aufmerksamkeit, Zuwendung. Doch was gepflegt wird, kann auch gedeihen.

Zum anderen, achte auf Dich selbst! Du bist stundenweise berufstätig, managst den Haushalt und versorgst die Kinder, das schlaucht einfach. Da weiß eine Frau manchmal gar nicht mehr, wer sie selbst ist, kümmert sich zu wenig um sich selbst und mag sich vielleicht selbst nicht mehr sehen. Wusstest du, dass – wie eine BBC-Umfrage vor ein paar Jahren herausgefunden hat – die meisten Frauen ihren Körper »hassen« und sich gern einer Schönheitsoperation unterziehen würden? 60 Prozent der Befragten gaben an, ihren eigenen Anblick im Spiegel nicht ertragen zu können, nur ein Drittel der Frauen war »einigermaßen zufrieden« mit ihrem Aussehen, nur eine von 25 Frauen war völlig zufrieden mit ihrem Körper! Sheila Sang vom Internetprovider AOL, der die Befragung initiiert hatte, sagte: »Wir leben in einer Welt, die von Diät, Äußerlichkeiten und Imageveränderungen geradezu besessen ist.« Dabei setzen sich Frauen Standards, die so wenig mit der Normalität zu tun haben wie die superlangen, superdünnen Models mit einem durchschnittlichen vierzigjährigen Frauenkörper. Das ist so furchtbar, weil Frauen sich so unter Druck setzen. Ich glaube, es geht gar nicht so sehr darum, dass du etwas tust, um Jürgen zu gefallen, sondern dass du etwas tust, damit du dir selbst gefällst. Wenn du mit dir, mit deiner Seele, deinem Körper im Einklang bist, dann strahlst du das auch nach außen aus, ganz egal, welche Konfektionsgröße oder Haarfarbe du hast. »Liebe deinen Nächsten wie dich selbst«, heißt es in der Bibel. Das ist sehr weise, denn wir können andere wohl nur lieben, wenn wir auch uns selbst lieben können. Wenn du also deinen Kindern mal Zeit entziehst, weil du etwas für dich tust – sei es Sport oder Sauna oder Kino oder Lesen – dann wird ihnen das zugute kommen, weil du dein inneres Gleichgewicht neu finden kannst.

Ja, und schließlich die Kinder. Ich habe sie in meinem Leben eigentlich immer an die erste Stelle gesetzt. Heute sind sie selbstständig und strahlen großes eigenes Gleichgewicht aus. Da würde ich sagen: Das war richtig so. Es geht dabei nicht um ständiges Zurückstecken. Aber unsere großen Lebensentscheidungen müssen wir immer auch daran überprüfen, was sie unseren Kindern zumuten, ob sie daran wachsen können oder verkümmern werden.

Das, Monika, gilt auch mit Blick auf deine angedeuteten Trennungsgedanken. Ich bin ja auch für mein Leben zu dem Punkt und zu der bitteren Erkenntnis gekommen, dass das die notwendige Lösung ist – unsere Kinder waren ja zum Glück schon alle erwachsen. Es bleibt eine Tatsache: die Kinder leiden eigentlich immer unter der Trennung der Eltern. Deshalb will eine solche Entscheidung sehr gründlich und gut überlegt sein. Bringt das wirklich ein Mehr im Leben? Was wird so anders sein? Könnte die Energie, die das kostet, nicht auch in die Beziehung investiert werden? Schnelle Trennungen werden manchmal bitter bereut. Ein Bekannter sagte mir einmal: Als ich mit meiner neuen Freundin so ganz allein den 50. Geburtstag gefeiert habe, dachte ich daran, wie schön das jetzt im großen Familienkreis wäre und ob es das wert war, alles hinzuwerfen. Wir hätten wohl auch mit größerer Distanz ein Ehepaar bleiben können …

Wie gesagt: Manchmal ist Scheidung wohl der richtige Schritt. Aber er sollte wohl überlegt sein und oft gibt es Wege, zusammenzubleiben. Die sind sicher nicht immer leicht oder gar schmerzfrei. Aber das ist eine Trennung auch nicht und sie führt nicht immer zum so viel besseren, erfüllteren Leben. Auch das können Illusionen sein.

Rezepte, denke ich, gibt es nicht. Meine Gedanken und Überlegungen, meinen Rat, in welche Richtung ich an deiner Stelle nachdenken würde, habe ich dir gesagt. Ich wünsche dir den Mut und die Kraft, um eure Ehe zu kämpfen – um der Kinder willen, um deinetwillen und um der Erinnerung an eure Liebe und ihre mögliche Zukunft willen.

Alles Liebe, ich denke an dich,
Margot

Zukunftsangst bewältigen

Liebe Franziska,

danke für deinen Brief und deine Offenheit. Nein, so unvorstellbar ist das für mich gar nicht, dass du Angst hast vor der Zukunft. Da sind so viele unbeantwortete Fragen, die lassen es einem Menschen leicht eng ums Herz werden. Und wenn jemand wie du Anfang zwanzig ist, dann ist auch so vieles noch offen: Wie wird das mit einem Beruf? Findest du einen Lebenspartner, willst du Kinder haben? Wie geht es weiter mit dieser Welt? – Ja, da stellst du eine fast berühmte Frage: Ist diese Welt nicht zu grausam, um überhaupt Kinder haben zu wollen?

Doch bei dir kommen ja offensichtlich im Moment nicht nur diese erst einmal pragmatischen Fragen an die Oberfläche. Da sitzt eine Angst ganz tief und ist nicht so recht ergründbar, sagst du. Beklemmend. Was soll ich? Was, wenn das ganze Leben sinnlos wäre? Was, wenn da unter der Oberfläche nichts ist, der leere Raum, nichts? Jean Paul, ein Philosoph und Schriftsteller aus dem späten 18. Jahrhundert, hat das einmal auf sehr nahegehende Weise in Worte gefasst, finde ich. In der »Rede des toten Christus vom Weltgebäude herab, dass kein Gott sei«, beschreibt er den auferstandenen Christus, der im Weltall Gott sucht, auf den er doch so fest vertraut hat. Aber er findet Gott nicht und muss nun denen, die wiederum ihm vertraut haben, eben dies beibringen. Der Text hat mich tief beeindruckt, als ich ihn das erste Mal gelesen habe. Er fasst eine ganz existenzielle Angst vor Vergeblichkeit und Sinnlosigkeit in Worte.

Vielleicht ist es aber auch so, dass wir uns einfach nicht zu viel vornehmen dürfen im Leben. Wir werden nicht die ganze Welt verändern. Aber vielleicht können wir an unserem kleinen Ort, in unserer begrenzten Zeit sinnvoll etwas zum großen Ganzen beitragen. Albert Schweitzer hat einmal gesagt: »Das einzig Wichtige im Leben sind die Spuren von Liebe, die wir hinterlassen, wenn wir gehen«. Das ist doch ebenso eindrücklich: Alles andere vergeht, Ruhm, Anerkennung, Bücher … Selbst von den so genannten Heiligen und den großen Gestalten der Geschichte verliert sich doch irgendwann die reale Spur. Aber dass es einen roten Faden der Liebe und damit der Hoffnung auf der Erde gibt, dazu kann jeder und jede einen Beitrag leisten.

Nun meinst du, es gibt so viele verpasste Chancen, so viele Weggabelungen, an denen wir wählen müssen und Fehler machen können. Das stimmt. Spätestens mit 20 wird dir klar, dass du nie mehr Primaballerina werden wirst oder Konzertpianistin, da sind viele Weichen schon unwiderruflich gestellt. Ja, das ist schon richtig. Aber, Franziska, diese Erkenntnis ist auch einfach ein Zeichen von Erwachsenwerden. Du lässt im Leben manches hinter dir, es wird zur Erinnerung, du kannst es nicht festhalten. Vielleicht ist es bei manchen Dingen auch einfach schön, eine Erinnerung zu haben an die Möglichkeit – einer Beziehung, eines Berufes, einer Wahl. Auch wenn man sich anders entschieden hat. Du weißt ja, dass ich gern ins Kino gehe. Ich muss nun gerade an den Film »Lost in Translation« von der jungen Regisseurin Sofia Coppola denken. Die beiden Protagonisten (Bill Murray und Scarlett Johansson) sind verlorene Gestalten in Tokio, mitten in einer fremden Stadt und Kultur. Sie »kriegen« sich nicht wirklich. Aber sie lassen ein großes Gefühl ahnen, das nur einen kurzen Moment spürbar ist – und das beide ein Leben lang begleiten wird. Ob das manchmal mehr ist als eine lebenslang ausgelebte Liebesgeschichte? Ist es manchmal vielleicht schöner, eine Andeutung im Herzen zu behalten, als sie im Alltag umzusetzen?

Dabei ist mir schon bewusst, dass für deine Generation die »Qual der Wahl« wirklich eine Belastung sein kann. Einerseits ist heute so viel mehr möglich als früher, als vieles festgelegt war. Ich kann wählen – aber damit habe ich auch das Risiko, mich zu verwählen, mich für das Falsche zu entscheiden, und das setzt die ganze Entscheidung so unter Druck ... Wenn ich selbst verantwortlich bin für Lebensgestaltung und Lebensplan, wer entlastet mich dann, wenn etwas schiefläuft, scheitert, wenn ich unglücklich werde? Woher weiß ich, was das Richtige für mich ist? Was mich glücklich machen wird? Oder ich will alles, und darum kann ich mich gar nicht entscheiden und bin wie gelähmt, weil die Entscheidung für das eine zugleich eine Entscheidung gegen so viel anderes ist. Weißt du, bei mancher Entscheidung ist wohl einfach das Vertrauen wichtig, dass ich getragen werde, selbst wenn die eingeschlagene Richtung im Rückblick nicht das ultimativ Beste war. Gott eröffnet immer neue Wege und jeder Mensch muss damit leben, nicht das Optimale »rausgeholt« zu haben. Wer das will, wird niemals zufrieden sein. Ich denke, es kommt im Leben manchmal weniger auf das Was als auf das Wie an.

Ich habe seit meinem zehnten Lebensjahr Tagebuch geschrieben. Nie auf irgendeine Weise lückenlos, manchmal monatelang nicht, aber dann wieder ganz intensiv. Und ich habe mich immer bemüht, einmal im Jahr, meistens »zwischen den Jahren« die Fotos des vergangenen Jahres in ein Album zu kleben. Wenn ich einmal ganz viel Zeit habe, setze ich mich in Ruhe hin und blättere in Tagebüchern und Fotoalben. Und neulich dachte ich: Du liebe Zeit, war ich da jung! Es ist eine schöne Erinnerung, auch wenn ich gar nicht dahin zurück will. Vielleicht ist es auch für dich gut, deine Gedanken aufzuschreiben. Dann hast du nicht nur Chaos im Herzen, sondern versuchst zu formulieren, zu skizzieren, was los ist. Im Tagebuch lässt sich manches reflektieren, festhalten, vielleicht sogar klären.

Natürlich tut es auch weh, von manchen Idealen und Hoffnungen Abschied zu nehmen. Aber das gehört zum Leben. Und manchmal meine ich, wir leben am intensivsten, wenn wir uns mit dem Schmerz und der Angst auseinandersetzen. Es kommt dabei darauf an, dass du mit deiner Angst umgehst und nicht darin versinkst.

Du schreibst, dein Bruder Henning habe schon einmal daran gedacht, sich das Leben zu nehmen. Das finde ich beklemmend. Sprich nur mit ihm! Das Leben ist ein Geschenk, ihr seid jung und könnt so viel gestalten. Schwierigkeiten, die hat jede Generation vor sich gehabt, die sind keine Ausrede. Das Leben aber wegwerfen ist für mich einerseits eine Art Verrat an Gott, der es dir doch geschenkt hat. Ich finde es unendlich traurig wahrzunehmen, dass es offenbar so viel Verzweiflung, Langeweile und Überdruss gibt, so viel Einsamkeit, Ausweglosigkeit auch – und so wenige Gesprächspartner. Schließlich halte ich Suizid aber auch für sehr egoistisch und im wahrsten Sinne des Wortes unfair gegenüber denen, die zurückbleiben und mit diesem Schmerz, den Selbstvorwürfen, dem Entsetzen leben müssen. Wann immer ich mit einem Suizid in Berührung kam, dachte ich: Ob er (oder sie) geahnt hat, was den anderen damit angetan wird? Sie bleiben mit einem tiefen Schmerz im Leben zurück, mit einer ständigen Frage: Hätte ich etwas bemerken müssen? Was habe ich falsch gemacht? Das kann das Leben für immer belasten.

Nein, Selbstmord ist nicht unverzeihlich, ich denke eher, Gott nimmt sich der Selbstmörder mit dieser Trauer an: Konntest du wirklich keine Lebenskraft finden, keine Menschen, die dich getragen haben?

Natürlich kann es sein, dass Menschen keinen Ausweg sehen. Das haben wir erlebt, als der in Hannover und weit darüber hinaus so beliebte Torwart Robert Enke sich das Leben nahm. Tausende von Menschen waren erschüttert: So erfolgreich, so sympathisch, so anerkannt – warum? Ich denke, wir können das nur mit Liebe wahrnehmen und annehmen. Dabei auch sagen: es ist brutal, wenn ich andere, Lokführer, Notfallkräfte in Mitleidenschaft ziehe. Aber die Liebe ist für mich größer als die Verurteilung.

Liebe Franziska, ich finde es wichtig, über Angst, über Zukunftsangst zu sprechen. Viele verdrängen das einfach, denke ich. Oder sie lenken sich ununterbrochen ab mit Fernsehen, Einkaufen, Planen. Wer über das eigene Leben, über die Zukunft, den Sinn und die Welt nachdenkt, ist letzten Endes mutig. Weil die mögliche Leere, die mögliche Sinnlosigkeit eine ungeheure Beängstigung ist. Ich will dir den christlichen Glauben nicht als Vertröstung anbieten. Doch ich will dir sagen, dass er für mich nicht eine Ablenkung, sondern eine tragende Kraft ist, eine unbändige Hoffnung, dass einerseits das Leben hier Sinn macht, diese Zeit, die Gott mir schenkt, und dass andererseits Gottes Welt und Zeit über all das hinausgeht, was ich erfassen kann und sehe. Vielleicht ist die Antwort auf die Frage: Warum leben?, ja auch nur: Lebe!

Weißt du, im eigenen Grübeln geht oft der Blick nach außen verloren. Dann ziehen wir uns zurück und können gar nicht mehr wirklich hinsehen und wahrnehmen, was da ist. Ich wünsche dir, dass du nicht nur das Belastende, sondern auch das Schöne sehen kannst, die Möglichkeiten, die Freiheit. Deshalb gebe ich dir zum Schluss ein Gedicht von Mascha Kaléko mit auf den Weg:

Sozusagen grundlos vergnügt
Ich freu mich, dass am Himmel Wolken ziehen
Und dass es regnet, hagelt, friert und schneit.
Ich freu mich auch zur grünen Jahreszeit,
Wenn Heckenrosen und Holunder blühen.
– Dass Amseln flöten und dass Immen summen,
Dass Mücken stechen und dass Brummer brummen.

Dass rote Luftballons ins Blaue steigen.
Dass Spatzen schwatzen. Und dass Fische schweigen.
Ich freu mich, dass der Mond am Himmel steht
Und dass die Sonne täglich neu aufgeht.
Dass Herbst dem Sommer folgt und Lenz dem Winter,
Gefällt mir wohl. Da steckt ein Sinn dahinter,
Wenn auch die Neunmalklugen ihn nicht sehn.
Man kann nicht alles mit dem Kopf verstehn!
Ich freue mich. Das ist des Lebens Sinn.
Ich freue mich vor allem, dass ich bin.
In mir ist alles aufgeräumt und heiter:
Die Diele blitzt. Das Feuer ist geschürt.
An solchem Tag erklettert man die Leiter,
Die von der Erde in den Himmel führt.
Da kann der Mensch, wie es ihm vorgeschrieben,
– Weil er sich selber liebt – den Nächsten lieben.
Ich freue mich, dass ich mich an das Schöne
Und an das Wunder niemals ganz gewöhne.
Dass alles so erstaunlich bleibt, und neu!
*Ich freue mich, dass ich … Dass ich mich freu.**

Wie wäre das, grundlos vergnügt zu sein? Sich dem Tag hingeben. Nein, planen will ich auch, dazu kennst du mich wohl gut genug. Aber dieses »carpe diem«, fange den Tag, das hat auch etwas für sich. Heute und hier leben, die Liebe, das Leben, das Gute heute sehen bei allen Fragen und Sorgen. Vielleicht ist das die berühmte Lebenskunst, von der Wilhelm Schmid spricht.** Ich wünsche dir von ganzem Herzen, dass du einfach grundlos vergnügt sein kannst und sich die dunk-

* Aus: Mascha Kaléko, In meinen Träumen läutet es Sturm, © 1977 Deutscher Taschenbuch Verlag, München.

** Wilhelm Schmid, Schönes Leben? Einführung in die Lebenskunst, Frankfurt 2000.

len Wolken auch wieder verziehen! Manchmal denke ich, wir müssen gar nicht so viel grübeln und nach Sinn suchen, sondern jeden Tag als Geschenk nehmen und versuchen, verantwortlich zu leben und dann macht das schon Sinn. Also: Freu dich am Leben und lebe dein Leben,

wünscht dir
deine
Margot Käßmann